Marie Luise Knott

370 Riverside Drive,
730 Riverside Drive

Marie Luise
Knott

370 Riverside Drive,
730 Riverside Drive

Hannah Arendt
und Ralph Waldo Ellison
17 Hinweise

Matthes & Seitz Berlin

PROLOG

Es war Barney Josephson, Sohn jüdisch-lettischer Immigranten, der Ende 1938 in New York, genauer in Greenwich Village, mit dem Café Society den ersten nichtsegregierten Musik-Club der Stadt begründete. Er war Jazzfan und hatte, wie er später berichtet, bei einem Besuch im Harlemer Cotton Club erschrocken miterlebt, wie den Schwarzen selbst im eigenen Viertel nur die hinteren Stehplätze des Zuschauerraumes zur Verfügung standen, obwohl ihre Leute auf der Bühne sangen. In anderen Clubs, wie etwa im Kit Kat, waren Schwarze als Besucher nicht einmal zugelassen. So gründete er einen Club für Menschen aller Hautfarben; einen, wo nirgends »For whites only« stand, nicht an den Bühneneingängen, nicht auf den Toiletten und nicht neben den Zuhörerreihen.

Barney Josephsons Eltern waren um die Jahrhundertwende aus dem Osteuropa der Judenpogrome in die USA geflohen, ebenso wie die Eltern seines Freundes Abel Meeropol, ein Lehrer, Kommunist und Songschreiber. Meeropol verfasste im Jahr 1937, unter dem Schock von Fotographien gelynchter Schwarzer und wahrscheinlich auch mit den Pogromerzählungen seiner russischen Eltern im Hinterkopf, Text und Melodie des Songs »Strange Fruit«:

Southern trees bear a strange fruit,
Blood on the leaves and blood at the root,
Black body swinging in the Southern breeze,
Strange fruit hanging from the poplar trees.

Pastoral scene of the gallant South
The bulging eyes and the twisted mouth
Scent of magnolia, sweet and fresh
Then the sudden smell of burning flesh.

Here is a fruit for the crows to pluck
For the rain to gather, for the wind to suck
For the sun to rot, for the tree to drop
Here is a strange and bitter crop.

Wer immer diesen Song hört, den lässt das Bild der Gewalttaten nicht mehr los. Barney Josephson – tief beeindruckt – machte Abel Meeropol mit der Sängerin Billie Holiday bekannt. Sie hörte das Lied und sang es fortan, nicht nur in Barneys Café. Eine Hymne des Protestes, Totenklage und Hommage zugleich – so ging die Komposition des kommunistisch-jüdischen Gewerkschafters als Song einer Schwarzen um die Welt.

Auch damals waren Juden, das vergisst man heute oft, in den USA immer wieder Hass und Diskriminierung ausgesetzt, wurden als *orientals* beschimpft. Auch zwischen Schwarzen und Juden gab es Animositäten. Abel Meeropol, der in der Bronx als Lehrer arbeitete, war eine Erscheinung, aber sicher kein Einzelfall. 1953, auf dem Höhepunkt der antikommunistischen McCarthy-Kampagne, als viele Einwanderer sich wegduckten, um nicht aufzufallen, um nicht der »unamerikanischen Tätigkeit« bezichtigt und des Landes verwiesen zu werden – in der Zeit des Kalten Krieges also, als Billie Holiday mit ihrem Song in die Fänge des FBI geriet, adoptierte Meeropol die Kinder von Ethel und Julius Rosenberg, die als angebliche kommunistische Spione in diesen Hetzjagdzeiten hingerichtet wurden.

Hannah Arendt, die 1933 aus Deutschland geflohen, 1941 in den USA gelandet war, verfolgte das Schicksal der Rosenbergs bekanntlich mit Schrecken. Ob sie je von der Courage des Abel Meeropol gehört hat, ist unbekannt. Sicher ist, dass auch sie die Lage der Schwarzen vor dem Hintergrund ihrer eigenen Auseinandersetzung mit jüdischer Erfahrung reflektierte.

*

Jedes Lesen ist ein Gespräch, und auch Hannah Arendts Texte sind als Gespräche angelegt. Sie verblüffen bei jedem Wiederlesen aufs Neue, denn sie leben aus dem Widerspruch und feiern die Widersprüchlichkeit des

Daseins. Der emphatische Freiheitsbegriff, der ihre Schriften grundiert, ist anders als die *Freedom and Democracy*-Politik des Kalten Krieges von keinem Propaganda- oder Nützlichkeitsgedanken geleitet. Ihre Freiheitsidee ist ebenso unbedingt wie ihre Idee von der »Verfolgung des Glücks« im öffentlichen Aushandeln der Welt. An rebellischen Bewegungen wie den 1968ern imponierte ihr »die Entschlossenheit im Handeln« ebenso wie die »Zuversicht, die Dinge aus eigener Kraft ändern zu können«. Das gibt Mut. Handeln, so liest man bei ihr, erschließt dem Menschen eine grundlegende Dimension menschlicher Existenz, welche ihm ohne diese Erfahrung verschlossen bliebe. Ohne Handeln war in ihren Augen »vollgültiges Glück« nicht zu haben. Wie konnte es sein, so fragt man sich, dass sie in ihrem letzten großen Essay aus dem Jahr 1973 die amerikanischen »Institutionen der Freiheit« rühmte und dabei die Erbschaft der Sklaverei mit keinem Wort erwähnte? Dabei musste gerade ihr – der rassisch Verfolgten – dieser Elefant im Raum der US-Gesellschaft bewusst gewesen sein: Der amerikanische Traum, er war aus dem Blut, dem Schweiß, den Gesängen und den Tränen der Schwarzen und der Native Americans gemacht. Warum schrieb sie nichts davon?

In jüngerer Zeit verschieben sich die tektonischen Platten unserer (westlichen) Gewissheiten. Die Klassiker werden neu gelesen und geraten in die Kritik, darunter auch die Schriften von Hannah Arendt. Längst gibt es (siehe die Anmerkungen am Ende des Bandes) Aufsätze und Studien zu Arendts »antischwarzem Rassismus«, zu ihrem Eurozentrismus, ihrer »westlichen Überheblichkeit«, ihrer

»white ignorance«. Und Hannah Arendt war tatsächlich eine jüdisch-europäische Denkerin. Die Herkunft prägt jeden von uns. Doch im Austausch der Ideen ist es letztlich nicht die Zugehörigkeit, sondern das einander Zuhören und die Tragweite des einzelnen Gedankens, was trägt. Im Zentrum des Rassismus-Vorwurfs gegen Hannah Arendt steht neben einem Kapitel aus *Elemente und Ursprünge totaler Herrschaft* vor allem ihr Essay »Reflections on Little Rock«, in dem sie sich 1959 gegen eine gesetzlich forcierte Aufhebung der Rassentrennung an den Schulen der USA aussprach.

*

Ausgangspunkt dieses Buches ist ein Brief von Hannah Arendt an den (schwarzen) Schriftsteller Ralph Waldo Ellison, der in jüngerer Zeit wiederentdeckt wurde. Datiert ist er auf den 29. Juli 1965, fällt somit in die Hochzeit der Bürgerrechtsbewegung, die allerdings kurz darauf, nach dem Wahlrechtsakt (*Voting Rights Act*) vom August 1965, spürbar abebbte. Der Brief wirft Fragen auf.

> Lieber Mr. Ellison, bei der Lektüre von Robert Penn Warrens »Who speaks for the Negro« stieß ich auf das sehr interessante Interview mit Ihnen und las Ihre Bemerkungen zu meinen früheren Überlegungen zu »Little Rock«. Sie haben völlig Recht: Genau dieses »Ideal des Opfers« hatte ich tatsächlich nicht verstanden; und weil meine Überlegungen von der Lage schwarzer Kinder in zwangsintegrierten Schulen ausgingen, hat-

July 29, 1965

Dear Mr. Ellison:

While reading Robert Penn Warren's *Who Speaks for the Negro* I came across the very interesting interview with you and also read your remarks on my old reflections on Little Rock. You are entirely right: it is precisely this "ideal of sacrifice" which I didn't understand; and since my starting point was a consideration of the situation of Negro kids in forcibly integrated schools, this failure to understand caused me indeed to go into an entirely wrong direction. I received, of course, a great many criticisms about this article from the side of my "liberal" friends or rather non-friends which, I must confess, didn't bother me. But I knew that I was somehow wrong and thought that I hadn't grasped the element of stark violence, of elementary, bodily fear in the situation. But your remarks seem to me so entirely right, that I now see that I simply didn't understand the complexities in the situation.

With kind regards,

Sincerely yours,

____

> te mich dieses Nichtverstehen in eine völlig falsche Richtung gelenkt. Ich erhielt damals natürlich jede Menge Kritik von meinen »liberalen« Freunden oder wohl besser Nichtfreunden, die mich, wie ich gestehen muss, nicht weiter beschäftigten. Aber ich wusste immer, dass ich irgendwie falsch lag, und hatte das Gefühl, ich hatte die nackte Gewalt, die elementare körperliche Angst nicht begriffen. Aber Ihre Bemerkungen scheinen mir so zutreffend, dass ich jetzt erkenne, dass ich die Komplexität der Lage schlicht nicht verstanden habe. Sincerely yours, (Hannah Arendt)

Der Brief gilt allgemein als eine Revision ihres Essays »Reflections on Little Rock«. Doch was revidiert Arendt hier tatsächlich, und überhaupt: Was hat es mit der nackten Gewalt und der elementaren körperlichen Angst auf sich, die sie, wie sie Ellison hier schrieb, beim Abfassen des Essays Ende der 1950er Jahre, nicht verstanden hatte? Und was verstand sie nun, 1965, anders? Zwanzig kurze Zeilen zu einer brennenden politischen Frage: zur Auseinandersetzung um schwarze Emanzipation, erhalten als Durchschlag in Hannah Arendts Nachlass: »Ellison« – der Name ist unterstrichen, wohl damit das hauchdünne Blatt nach Diktat korrekt abgelegt wurde.

Essays sind Exkursionen. In ihnen werden vorhandene Denkwege verlassen. Stattdessen sucht man nach möglichen neuen Pfaden, nach neuen Aus- und Einsichten. Wohin gelangt man, wenn man von diesen wenigen Briefzeilen ausgeht, in der Hoffnung, dass sie uns neue

Einsichten auch in heutige Fragen bieten können? Damals, zum Zeitpunkt des Briefes, wohnte Hannah Arendt 370 Riverside Drive, Ralph Ellison lebte einen Zahlendreher entfernt in der gleichen Straße, Hausnummer 730; sie im jüdischen Einwandererviertel der Upper Westside, er in der Gegend um Sugar Hill, dem ehemaligen Zentrum der Harlem-Renaissance. Welche Welten lagen dazwischen? Ob Arendt Ellisons Adresse überhaupt kannte, ob sie den Brief dorthin adressierte, ja, ob der Brief den Schriftsteller je erreichte, ist unbekannt. In Ellisons Nachlass, der sich ebenso wie der Nachlass von Hannah Arendt in der Washingtoner Library of Congress befindet, ist weder der Originalbrief noch der Entwurf einer Antwort erhalten. So bleibt von diesem Moment jüdisch-schwarzer Begegnung oder Fastbegegnung der Nachwelt nur dieses Blatt, das Rätsel aufgibt: Warum schrieb Hannah Arendt? Und warum war sie dabei so kurz angebunden? Und mehr noch: Was hatte es mit Ellisons »Ideal des Opfers« auf sich? Konnte es sein, dass die Theoretikerin des freiheitlichen Handelns plötzlich ein solches Ideal gelten ließ? In dem Interview mit Ellison hatte Arendt gelesen:

> Wir haben längst verstanden, dass es unsere Aufgabe ist, Amerika wieder in Einklang mit seinen proklamierten Idealen zu bringen. Und so handeln wir aus einer zwiefachen Verpflichtung, zum einen uns selbst gegenüber und zum anderen gegenüber der Nation.

Offensichtlich gab es etwas in dem Interview, das sie direkt ansprach. Vielleicht war es Ellisons genuine Freude am Schwarzsein, vielleicht auch sein Bekenntnis zur ethnischen Pluralität Amerikas: »Ich glaube an Diversität und denke, dass, wenn jeder wie der andere wäre, wäre das der wirkliche Tod der Vereinigten Staaten.« Vielleicht ahnte Arendt nach der Lektüre des Interviews auch, dass es jenseits der verschiedenen Positionen, Erfahrungen, Hautfarben und Lebenslagen eine geistige Verbindung zwischen ihnen gab, eine Verbindung ähnlich der gemeinsamen Aussicht auf den Hudson River, der das Land mit dem Meer verbindet, über das beide Völker, Schwarze wie Juden, einst, wenngleich unter konträren Bedingungen, ins Land gekommen waren – die einen in Fesseln, die anderen als Entronnene.

*

Die nachfolgende Untersuchung hat eine kontroverse Vorgeschichte. Anfang der 1980er Jahre hatte ich als Lektorin des Rotbuch-Verlagskollektivs Hannah Arendts Essay »Besuch in Deutschland« gelesen. Hannah Arendt war 1949 erstmals nach Flucht und Vertreibung für einige Monate aus Amerika in die einstige Heimat zurückgekommen. In ihrem »Bericht«, der 1950 in einer US-amerikanischen Zeitschrift erschien, erfasste sie scharfsinnig und treffend, mit Biss und Humor, das Klima der damaligen Zeit: die Hoffnungen ebenso wie das Flüstern, Schweigen und die Verlogenheit der bundesdeutschen Nachkriegswirklichkeit. Auch ihre Diagnose, dass in diesem Land Meinungen für Tatsachen und Tatsachen für Meinungen galten, war hellsichtig und erschloss mir so einiges über das bodenlose Gerede, in das hinein ich aufgewachsen war.

Man kannte von Arendt damals vor allem die theoretischen Werke, und so begann ich, angestachelt von dieser Lektüre-Begegnung, US-amerikanische Zeitschriften nach weiteren »Einmischungen in Zeitfragen« zu durchforsten. Was ich fand, war erstaunlich: eine nahezu unbekannte, streitbare und hellsichtige Kommentatorin. So konzipierte ich einen Essay-Band, der auch den Essay »Reflections on Little Rock« enthielt. Das Verlagskollektiv befürwortete die Publikation grundsätzlich, lehnte aber mehrheitlich die Veröffentlichung des »Little Rock«-Aufsatzes ab, sowohl wegen der Verwendung des N-Wortes als auch wegen Arendts Politik-Begriff, der die soziale Dimension der Diskriminierung, also den institutionellen Rassismus, in ihrem Argumentationsgang bewusst vernachlässigte. Mich verwirrte zwar, dass eine, die selbst Diskriminierung und Verfolgung erfahren hatte und nur knapp der Todesmaschinerie der Nazis entkommen war, einer Gesetzgebung zur Förderung der Schwarzen entgegentrat. Doch ich verteidigte die Publikation des Textes hartnäckig, da er mir Aspekte lieferte, die in unserem Weltbild nicht vorgesehen waren. Arendt verwirrte. Auch und gerade in ihrem Beharren auf dem Vorrang von Rechtsgarantien.

Erst nach diversen Debatten erschien der Band schließlich doch. Anfang 2020 nun begegnete ich Arendts rätselhaftem Brief an Ralph Waldo Ellison. Angesichts meiner Geschichte und neugierig ob der Vorwürfe gegen sie in jüngerer Zeit machte ich es mir zur Aufgabe, die damalige Kontrovers noch einmal neu zu befragen – vor dem Hintergrund heutiger Kenntnisse und Sensibilitäten. Die Themen, die dabei aufscheinen, sind aktuell: Diskriminierung, die »Unsichtbarkeit« (der Schwarzen) und das Recht auf zivilen Ungehorsam; auch die heutige Singularitätsdebatte klingt an, wo von der »Einzigartigkeit« des US-amerikanischen Sklavenregimes die Rede ist. Solche Aktualität macht die Sache, die hier verhandelt wird, nicht einfacher. Doch über aktuelle Themen nachzudenken, ohne die historische Dimension mitzudenken, ist unmöglich.

*

Noch ein anderer Aspekt: Wir lesen die Denker und Dichter vergangener Zeiten und fremder Kulturen nicht zuletzt, um die Enge unserer eigenen Zeit, ja: auch die Enge unserer eigenen Sprache, Metaphern, Begriffe zu transzendieren, also um mit ihnen, wie mit Zeitgenossen sprechend, ein Licht aus anderen Zeiten und anderen Sprachen, Sprachweisen, in unser dürftiges Heute hineinzutragen. Doch in Umbruchszeiten verändern sich die Perspektiven. Hannah Arendt korrigierte in dem mir bis dato unbekannten Brief offensichtlich einen Standpunkt, den sie Jahre zuvor eingenommen hatte. Welche Erfahrungen, Gespräche oder Lektüren, so frage ich mich, hatte diese politische Denkerin dazu animiert, von früheren politischen Positionen abzurücken? Und von welchen genau? Und welchen Anteil daran hatte die Bürgerrechtsbewegung? Konnte es sein, so frage ich weiter, dass der Brief mehr war als nur das Eingeständnis eines Irrtums? Eine Wegmarke zu neuen denkerischen Aufbrüchen vielleicht. Der Antisemitismus der Nationalsozialisten hatte die angehende Philosophin Hannah Arendt Anfang der 1930er

Jahre in die Politik getrieben. Die Zugehörigkeit zum Judentum, bis dahin für sie eine natürliche Gegebenheit, war ein Politikum geworden. Fortan hatte sie sich als Jüdin ins Verhältnis zur Welt gesetzt. Zwei »miese« Länder seien zu viel für eine Person, hatte sie 1947 gesagt, um zu erklären, warum sie sich als Verfolgte und Vertriebene nur für die politischen Belange Palästinas und nicht auch für nachkriegsdeutsche Belange engagierte. Doch in den 1960er Jahren, als sie den Brief schrieb, waren die USA längst ihr »mieses« Land geworden. Ihre Kritik galt Korruption, Heuchelei und Machtmissbrauch in der Politik. Aus Sorge um den Fortbestand von Demokratie und Republik suchte sie nach einer permanenten Revolutionierung des politischen Raums. Von all dem ist in dem Brief keine Rede, doch es zeigt sich in dieser Studie, dass er von diesen Gedanken grundiert ist.

I. WIR JUDEN. Ein Schreck. Ein Traum. Irgendwann zu Beginn des 19. Jahrhunderts. Drei Frauen liegen auf einer Lagerstätte, irgendwo am Rande der Welt, dem Getriebe der Menschen entrückt. Die Frauen beginnen, sich über ihre Leiden auszutauschen, wohl um sich auf diese Weise von ihnen zu befreien. »Kennst du Kränkung?«, fragt eine, und alle sprechen: »Ja die kenne ich!«, und brechen in laute Schmerzensschreie aus; so fallen die Kränkungen von ihnen ab. »Kennst du Liebesschmerz?«, fragt eine andere, das Ritual wiederholt sich und auch der Liebesschmerz fällt von ihnen ab. Eine gemeinsame, eine geteilte Welt. Es folgen Ungerechtigkeit, gemordete Jugend und so einiges andere. Doch dann fragt die Träumende: »Kennt ihr – Schande?«, und im selben Moment rücken die anderen »entsetzt« von ihr ab, statt in das erhoffte »Ja« einzustimmen.

Die Träumende ist keine andere als die Jüdin Rahel Varnhagen von Ense; bei den erträumten Leidensgenossinnen handelt es sich einerseits um die enge Freundin Bettine Brentano, andererseits um keine Geringere als »die Mutter Gottes«, deren Antlitz die Träumende an »die Schleiermacher«, also die mit ihr befreundete Ehefrau von Friedrich Schleiermacher erinnert. So genau sie alle wissen, dass man für die »Schande seiner Geburt« nichts kann, die beiden Christenfreundinnen rücken im Traum von ihr, der gebürtigen Jüdin, ab, so gut es geht, und Rahels »Ich habe doch nichts getan« verhallt unverstanden. Eine Szene, die das Herz »wegzuschmelzen droht«; ein Gespräch mit der Nachtseite des Ichs.

Rahel Varnhagen, geborene Rahel Levin, getaufte Rahel Robert, verheiratete Rahel Varnhagen von Ense, wollte die Jüdin »aus sich ausrotten« und glaubte, man könne, wenn man sich änderte, das Unglück der Geburt »ungeschehen« machen. An ihren Bruder schrieb sie einmal, sie vergesse die »Schande« in keiner Sekunde: »ich trinke sie im Wasser, ich trinke sie im Wein, ich trinke sie mit der Luft …« Doch auf dem Totenbett soll sie gesagt haben: »Welche Geschichte! – Eine aus Ägypten und Palästina Geflüchtete bin ich hier und finde Hilfe, Liebe und Pflege von Euch! (…) Was so lange Zeit meines Lebens mir die größte Schmach, das herbste Leid und Unglück war, eine Jüdin geboren zu sein, um keinen Preis möcht' ich das jetzt missen.« Schmach oder nicht – ihr lebenslanges Außenseitertum, so paradox das klingt, war ihr Lebenselixier, und dennoch findet sich heute auf ihrem Grabstein in Berlin die Inschrift »Rahel Friederike Varnhagen von Ense, geborene Robert«. Als habe es die Jüdin in ihr nie gegeben.

Es muss eine mühevolle und dabei auch eine rettende Arbeit gewesen sein, der sich Hannah Arendt um 1930 verschrieb, als sie die Briefe, Tagebücher und Traumprotokolle der Rahel Varnhagen von Ense studierte. Allzu lange war die berühmte Salonniere als Protagonistin des (gelungenen) deutsch-jüdischen Gesprächs gedeutet worden. Arendt erkannte erstmals die Verlassenheit der Rahel. Am Schicksal der Romantikerin studierte sie nicht zuletzt ihre eigene Zugehörigkeit zum Judentum, die durch den bedrohlich wachsenden Antisemitismus zu einem Politikum geworden war. Fortan orientierte sich Arendt politisch für viele Jahre ganz »von der Judenfrage« her, und so wurde Varnhagen, wie sie einmal schrieb, ihre »wirklich beste Freundin, die nur leider schon hundert

Jahre tot« war. Das Versprechen der Aufklärung, ein jeder habe unabhängig von Herkunft und gesellschaftlichem Stand »selbstverständlich ein Einzelner zu sein«, um »als Mensch unter Menschen zu leben«, wie es im Rahel-Buch hieß – dieses Versprechen ging im wirklichen Leben nicht auf. Das kleine Vorhaben, nichts als ein Mensch zu sein, war in Wirklichkeit das allergrößte, so Arendt, und überstieg die Kräfte eines Einzelnen. Hoffnung auf wirkliche Freiheit aber gab es in ihren Augen – und hier zitiert sie Heinrich Heine – nur in einer allen Juden garantierten Rechtsposition, also in einer tatsächlichen gesamtjüdischen Emanzipation, und das bedeutet: mit gleichen Rechten und bürgerlicher Gleichstellung.

Diese frühen Überlegungen zur zentralen Bedeutung des Rechts (im Unterschied zu der von Gnade oder Ungnade abhängigen sozialen Anerkennung) dürften wesentlich zu der Entstehung ihres bereits erwähnten äußerst umstrittenen Essays »Überlegungen zu Little Rock« beigetragen haben.

An »Rahels« schriftlichen Überlieferungen und Arendts »Lebensgeschichte einer deutschen Jüdin aus der Romantik« kann man noch heute studieren, was es mit einem Menschen macht, ständig als minderwertig angesehen zu sein und sich in der Folge auch als minderwertig zu denken und zu fühlen. Rahels Briefe und Tagebücher geben Zeugnis davon, wie viele Anstrengungen und Verrenkungen die Rahel unternahm, um die »Blöße des Judentums«, die »Infamie« der Herkunft zu überdecken. Sie erzählen von den Kränkungen und den Erfahrungen, zurückgestoßen zu werden.

Vom Schicksal »falscher« Geburt handeln, wenngleich ganz anders, auch viele Zeugnisse schwarzer Bürgerrechtler. Warum und wie war es den Weißen gelungen, den Schwarzen beizubringen, sich selbst zu hassen, fragte einst der schwarze Bürgerrechtler Malcolm X, der 1965, im Jahr des genannten Arendt-Briefes, ermordet wurde. Und nicht nur er, auch Ralph Ellison hatte wiederholt die falsche Scham, ein Schwarzer zu sein, beschrieben und gegen das eigene Gefühl der Minderwertigkeit revoltiert: »Kann ein Volk sich 300 Jahre nur in der Reaktion entwickeln? Sind amerikanische Schwarze nichts als Kopfgeburten der Weißen oder haben sie nicht zumindest ein wenig sich selbst erschaffen aus dem, was sie vorfanden?« In seinen Augen fesselten die Pauschalisierungen von »schwarz« und »weiß« das Handeln. Alle sprachen von der Leidensgeschichte »der Schwarzen«, ohne zu sehen, wie verschieden auch sie in Wirklichkeit waren. (»Wie kommt es, dass so viele unser schwarzes Leben interpretieren, aber sich nie bemühen, zu verstehen, wie verschieden wir in Wirklichkeit sind.«)

Wiederholt hatte Hannah Arendt in ihren Studien zur jüdischen Geschichte die Fixierung des Blicks und des Urteils auf die jüdische Leidensgeschichte kritisiert. So grausam Verfolgung und Pogrome auch waren: Juden durften ihr Selbstbild nicht auf Scham und Schande gründen und ihre Politik nicht von der Erinnerung an das erlittene Leid bestimmen lassen, und schon gar nicht durften sie in Arendts Augen vor dem Hintergrund des erlittenen Leids die Existenz und das Leid anderer ignorieren, abwerten, überschweigen. Juden sollten sich dissimilieren, sich von den Zuschreibungen der Anderen emanzipieren, sich als Handelnde denken. Scham in Stolz verwandeln. Sie sollten (wie alle Menschen) ihr »eigenstes Wort in die Geschichte der Welt« (Buber) hineinsprechen. In diesem Zusammenhang studierte sie auch die Mystik-Forschung Gershom Scholems, die sie als Teil freien jüdischen Handelns verstand:

> Jüdische Historiker des letzten Jahrhunderts pflegten - ob bewusst oder unbewusst sei dahingestellt - alle diejenigen Fakten der jüdischen Geschichte zu ignorieren, die nicht zu ihrer grundlegenden These von der Diaspora-Geschichte passten, der zufolge die Juden (...) unablässig Opfer einer feindlichen und mitunter gewalttätigen Umgebung gewesen seien.

Über Jahrhunderte hinweg waren Juden als Diaspora-Volk überall Paria gewesen und als solche Opfer von Benachteiligung, Verfolgung, Mord. Aber es gab, so Arendt, noch andere Aspekte der Geschichte, »verschüttete Überlieferungen« und »verborgene Traditionen«, die es zu erforschen und in die europäische Geschichte einzuschreiben galt. Ob Heinrich Heine, Bernard Lazare oder Franz Kafka – jeder hatte auf seine Weise mit der Freiheit gerungen, die Schande der Minderheiten-Existenz in Stolz zu verwandeln.

2. DAS WORT ERTEILEN. Briefe wie Träume sind fortgesetzte Gespräche, und Arendt ist immer im Gespräch mit Lebenden und Toten, Dichtern und Denkern, denen sie im eigenen Schreiben das Wort erteilt. War auch der Brief an Ellison als Beginn eines solchen Gesprächs gedacht?

Arendt hatte den ersten Teil ihres vorlesungsfreien Sommers im Juli 1965 wie üblich im Hudson Valley verbracht. Dort tat sie, was im Semester zu kurz gekommen war: sie las und schrieb, nicht selten lange Denkbriefe – manchmal mehrere an einem Tag. Auch das im Brief genannte Buch »Who Speaks for the Negro« muss sie dort gelesen haben. In Warrens Sammlung von Interviews mit schwarzen Schriftstellern und Bürgerrechtlern stieß sie auf Ellisons Kritik an ihrem Text »Little Rock«, der, 1957 geschrieben, Anfang 1959, also sechs Jahre zuvor, erschienen war. Nach der Lektüre des Buches suchte Arendt das Gespräch, aber nicht mit dem Herausgeber, dem Dichter und Schriftsteller Robert Penn Warren, von dem sie bereits ein, zwei Bücher besaß und der ein enger Freund ihres Dichterfreundes Randell Jarrell war. Nein, sie adressierte ihren Brief an den Kritiker persönlich. Und anstatt aus der Sommermuße heraus einen ihrer ausführlichen Antwortbriefe zu verfassen, diktierte sie am 29. Juli 1965 ihrer Sekretärin nach ihrer Rückkehr in die Stadt, zwischen Tür und Angel gewissermaßen, die genannten 20 Zeilen, bereits auf dem Sprung zu einer längeren Europareise, zu der sie zwei Tage später, am 1. August aufbrach. Was Ralph Ellison im Interview gesagt hatte, gab ihr zu denken. Und so schrieb sie offensichtlich, weil sie merkte, dass sie sich und ihm etwas schuldig war, dass sie eine zentrale Frage in ihrem Text »Little Rock« tatsächlich übersehen hatte. Doch welche?

Robert Penn Warren, der Initiator des Buches, war ein weißer Südstaatler. Juden bevölkerten seine Romane, und sein Engagement für jüdische Angelegenheiten brachte ihm 1989 im Nachruf der zionistischen Zeitschrift »Shofar« die Bezeichnung eines »righteous gentile« ein – eines gerechten Gojs gewissermaßen. Einmal verglich Warren halb im Ernst, halb im Witz die Lage der Juden in den USA mit der Lage der *Southerners*, da beide, so hatte er es erlebt, nicht so ganz dazugehörten, und sprach von einer »insideness of the outsider« – einem Dazugehören im Fremdsein.

Mit den Interviews erteilte Warren 1964 nun einer anderen (verfolgten) Minderheit das Wort: den Schwarzen. Einsichten in die Innenansichten dieser Außenseiter. Der Band war explizit nicht gemeint als Who's who der schwarzen Revolution, sondern als Niederschrift eines Versuchs, über die Bewegung herauszufinden, was es herauszufinden gab. Warren besuchte und befragte Schriftsteller und Bürgerrechtler, lokale wie überregionale, unbekannte wie prominente; er notierte, was die Leute ihm sagten, und rahmte die Gespräche mit biographischen Informationen, eigenen Beobachtungen und eigenwilligen Kommentaren.

Seine Fragen waren äußerst kenntnisreich und äußerst direkt; er enthielt sich aller Gesten einer Vorabsympathie, was die Interviewpartner zu einer gewissen Direktheit animierte. So fragte er Ellison in dem besagten, hier im Buch teilabgedruckten Interview, ob nicht viele der Schwarzen geistig Gefangene des Rassenproblems seien, so wie viele Südstaatler immer noch Gefangene ihrer Rassenloyalität waren. Ellison bejahte die Existenz solch schwarzer »Geistesgefangenschaften« unumwunden und führte aus, die Leute seien oft so stark damit beschäftigt, das Leben der Schwarzen in allgemeinen soziologischen Termini erfassen zu wollen, dass sie die daraus entstandenen kategorialen Einschränkungen nicht einmal in Zweifel zögen.

Drei Grundfragen leiteten Warren bei seinen Gesprächen: Die erste lautete, ob es mehr inneren Frieden in den USA gegeben hätte, wenn man um eines Neuanfangs willen nach dem Ende des Bürgerkriegs die Sklavenbesitzer und die Farmer im Süden entschädigt hätte, mit dem Ziel, ihnen die Zustimmung zur Abschaffung der Sklaverei zu erleichtern. Einige politische Kommentatoren hatten wiederholt die Vermutung geäußert, dass die Südstaatler, wären sie nicht besiegt, sondern entschädigt worden, die Sklaven leichtherziger, weil weniger gedemütigt, hätten ziehen lassen können. (Von einer Entschädigung der Sklaven für das erlittene Unrecht, von einer Reparation, sprach Warren nirgends.) Seine zweite Frage zielte direkt ins Herz des schwarzen Selbstverständnisses: Gab es in jedem schwarzen Amerikaner, wie manche behaupteten, tatsächlich zwei Seelen, also jenes doppelte Bewusstsein, das sich selbst immer auch mit den Augen und Erwartungen der Weißen wahrnahm? Und wenn ja, wem gegenüber würde im Zweifelsfall ihre Loyalität gelten?

Doch auch die Gretchenfrage fehlte nicht: Wie konnte es sein, fragte Warren provokativ, dass die Schwarzen angesichts all der Ungerechtigkeit, Unterdrückung und Erniedrigung, die sie erfahren hatten und tagtäglich erfuhren, nicht bitter und wütend wurden? Wäre Rache nicht eine viel angemessenere Reaktion und war es nicht eine enorme seelische Herausforderung, sich angesichts staatlicher, polizeilicher (weißer) Gewalttaten hartnäckig auf Gewaltfreiheit zu beschränken?

Warren, selbst von entwaffnender Offenheit, setzte auf die Offenheit seiner Gesprächspartner. Er erteilte ihnen das Wort und sie – sie nahmen es sich. Vielleicht schrieb Hannah Arendt nicht zuletzt deswegen an Ralph Ellison, weil sie ihm auch für seine Bemerkung dankbar war, dass jeder Mensch bei aller Zugehörigkeit zu den Unterdrückten immer auch Herr seines eigenen Lebens ist und sich selbst das Wort erteilen soll und muss.

3. WINTERSCHLAF. Jede Bibliothek ist eine Welt für sich. Doch es ist ungewiss, in welchem Ausmaß überlieferte Bibliotheken den Kosmos eines Autors tatsächlich abbilden. Bedauerlicherweise trägt das Exemplar von Warrens »Who Speaks for the Negro«, das sich in Arendts Bibliothek erhalten hat, keine Lesespuren, die das Verstehen des Briefs hätten bereichern können.

Arendt liebte amerikanische Romane, nicht zuletzt, weil sie dort Einsichten in die Mentalität ihrer neuen Landsleute gewann, wie es ihre Sekretärin Lotte Köhler einmal erzählte. Doch in ihrer Bibliothek hat sich zu meinem Erstaunen kein Buch von Ralph Waldo Ellison erhalten. Ellison war 1914 in Oklahoma, einem »border state« im Süden der USA, zur Welt gekommen und somit acht Jahre jünger als Hannah Arendt. Sein Vater, ein Soldat und leidenschaftlicher Leser, beschloss, seinen Sohn nach dem großen Aufklärer Ralph Waldo Emerson zu benennen. Sein Vater starb, als Ralph drei Jahre alt war; so erfuhr er nicht mehr, dass sein Sohn Schriftsteller wurde und so der Vorsehung der väterlichen Namensgebung die erhoffte Ehre erwies.

Oklahoma, ein Territorium, in das die US-Regierung ursprünglich Anfang des 18. Jahrhunderts indigene Stämme umgesiedelt hatte, war zur Zeit von Ellisons Geburt erst seit sieben Jahren ein Teilstaat der USA und besaß somit keine unmittelbare Sklavengeschichte, weshalb die Segregation dort nicht so strikt war wie in den Südstaaten. Viele der Schwarzen, die dort lebten, waren entkommene oder befreite Sklaven. Die Erinnerung daran, was es hieß, nicht als Mensch, sondern als Objekt, genauer: als »bewegliches Besitztum« (*chattel*) angesehen zu werden, war auch in Ellisons Oklahoma noch lebendig, nicht zuletzt in den Geschichten und Erinnerungen der Zugezogenen. In seiner Jugend soll er durch die Wälder gestreift sein und Vögel beobachtet haben. Um zum Lebensunterhalt der Familie beizutragen, arbeitete er als Zeitungsjunge, Flaschensammler, später auch als Kellner. In der Zeit der Depression versuchte er zeitweise seine Mutter und Geschwister als Vogelfänger durchzubringen; er dirigierte die Schulband und spielte dort die erste Trompete. »Ich habe ununterbrochen gekämpft«, zitiert ihn Warren, »bis ich so groß und stark war, dass ich jemanden hätte umbringen können, wenn ich wütend war.«

Zu den frühen Erfahrungen, die, wenn auch über Umwege, Ellisons Weg als Schriftsteller beeinflusst haben dürften, gehören die Spätsommer seiner Schulzeit, von denen er in seinen Essays erzählt. Einige seiner Mitschüler und Mitschülerinnen, die aus dem Süden in die Freiheit Oklahomas geflohen waren, »verschwanden« im Sommer regelmäßig dorthin, wo ihre Familien herkamen, um sich, Eltern wie Kinder, in der Baumwollernte zu verdingen. Kein beneidenswertes Schicksal, das wussten alle, und dennoch beneidete der junge Ellison seine Mitschüler darum in gewisser Weise, denn jedes Mal, wenn sie zurückkamen, waren sie voll erlebter Gemeinschaft – spielen, essen, tanzen, singen. Sie brachten *Negro*-Witze mit, und zwar »unsere«, wie er sagte, und nicht solche, die Weiße sich über Schwarze erzählten; und sie brachten *Negro*-Songs und *Negro*-Geschichten mit, die es in keinem Buch zu lesen gab. Der Reichtum dieser Kultur sprach ihn an und erschien ihm viel realer als die schwarzen Mittelklasse-Werte, die sich an den Weißen orientierten. Es gab eine genuin schwarze Kultur mit eigenen Rhythmen und Mythen, die im Übrigen über den Blues und den Jazz längst die amerikanische Kultur mitprägte. Diese genuin schwarze Kultur war seine Erbschaft. Zusammen mit den literarischen Werken, die Ellison später las (darunter T. S. Eliot, Ernest Hemingway, James Joyce, William Faulkner, André Malraux), prägte sie seine Inspiration.

Nach dem Schulabschluss studierte Ellison – sein Trompetenspiel brachte ihm einen Studienplatz ein – zunächst Musik, dann, 1936, ging er nach New York, wo er u. a. für das Oral-History-Programm des Federal Writers' Project arbeitete, eine großangelegte Arbeitsbeschaffungsmaßnahme der Regierung für arbeitslose Intellektuelle und Schriftsteller. Man weiß nicht, ob Ellison, ähnlich wie etwa Zora Neale Hurston oder Sterling Brown, im Rahmen dieses Projektes ehemalige Sklaven interviewte, doch es kann als sicher gelten, dass diese Maßnahme nicht zuletzt darauf angelegt war, die allgemeinen Kenntnisse über die Geschichte des Landes zu erweitern. Ellison war der festen Überzeugung, so konnte Arendt es im Interview lesen, dass die Amerikaner wenig von Geschichte hielten und in der Vorstellung lebten, wenn man nur intensiv wegschaute, müsse man sich den Konsequenzen nicht stellen. Ein Phänomen, das Arendt auch bei ihrem Besuch in Nachkriegsdeutschland beobachtet hatte.

Durch den Roman »Der unsichtbare Mann« wurde Ellison 1952 quasi über Nacht berühmt: ein negativer Bildungsroman, der den gesellschaftlichen Abstieg und den zunehmenden Weltverlust eines schwarzen Studenten beschrieb und durch dessen Abstieg ein Porträt der afroamerikanischen Wirklichkeit der dreißiger Jahre lieferte. Eine energische Anklage gegen die Unmenschlichkeit der Weißen und gegen die gewalttätige Art und Weise, mit der sie immer noch durch die Schwarzen hindurchsahen, als seien diese keine Menschen. Als seien sie nicht existent.

Auf der Suche nach seiner Identität taumelt der namenlose Protagonist, der eingangs von der Universität relegiert wird, durch New York, wo er sich mit verschiedenen Jobs durchschlägt und schließlich eine Zeitlang Anschluss findet in einer schwarzen Bruderschaft, die ihn jedoch auch nur für die eigenen Interessen instrumentalisiert, wie er feststellen muss. Alle Begegnungen, alle seine Versuche, mitzutun, treiben den Helden immer nur weiter in seine Verlassenheit. Wer ist er, fragt er sich, wenn er nicht länger die Summe fremder Erwartungen sein und sich bei niemandem mehr in Miete geben will.

So traurig die Erzählung, so großartig die erzählerische Kraft und so ergreifend der innere Monolog des Protagonisten, der die Handlung des Romans in Prolog und Epilog umrahmt – der Monolog eines Unsichtbaren, der aufgewühlt, wütend und erwartungsvoll zugleich sich aus dem öffentlichen Leben in einen Keller zurückgezogen hat. Gegen die Dunkelheit hat er 1369 Glühbirnen installiert, die er mit illegal abgezwacktem Strom zum Leuchten bringt. Derart aus der Welt gefallen bastelt er statt am Leben draußen an mehr Licht und Freiheit in der Verborgenheit des Privaten. Die Gedanken sind frei. »Feels like ole ned (...) wished I was dead« – summt der Unsichtbare in seinem Kellerloch, Louis Armstrong im Ohr. Unsichtbar – das Wort traf. Die »Finsternis«, in der die Sklaven lebten, sei noch um einige Grade »schwärzer« als die von John Adams beschriebene Finsternis von Armut und Elend, schreibt Hannah Arendt in »Über die Revolution«, und mehr noch als der weiße arme Mann sei der schwarze Sklave immer unsichtbar gewesen. »Er wurde immer und von allen übersehen.«

So quälend das Romangeschehen, so unglaublich die Erfahrung, lesend mitzuerleben, wie der Protagonist mit seinem Schicksal ringt, und man selbst als Leserin auch. Die Unterdrückung war eine Wirklichkeit. Tagtäglich starben Schwarze durch weiße Gewalt – ohne dass die meisten der Täter je angeklagt, geschweige denn verurteilt wurden. Dabei weiß man, dass jede Ungerechtigkeit, die nicht geahndet, sondern schlimmstenfalls durch einen Freispruch vor Gericht legitimiert wird, die Idee der Gerechtigkeit von Grund auf beschädigt. Welche Autorität haben Recht und Gesetz noch, wenn Ungerechtigkeiten toleriert werden?

Schwarze lebten in jedem Moment in dem Bewusstsein, nur durch Glück oder Zufall Überlebende zu sein, wie James Baldwin die Differenz des Lebensgefühls einmal auf den Punkt brachte. Immer wieder wurden sie auf offener Straße völlig grundlos attackiert, niedergeschlagen, umgebracht: ein Schreckensklima der Angst. In einem solchen Klima widerfuhr alles, was den anderen widerfuhr, im Kopf immer auch einem selbst.

In dem Roman »Der unsichtbare Mann« schrieb der Protagonist aus seinem Versteck heraus »seinen« Leuten ein Kassiber in ihr Versteck hinein; wie Kafkas Geschöpfe war auch der Kellermensch auf der Suche danach, ein Minimum menschlicher Existenz und Würde garantiert zu sehen, und zwar als Recht, nicht als Gnade, nicht als Zugeständnis. Gab es tatsächlich nur Auswege und keine Hoffnung auf Freiheit?

Ellisons Kellermensch bezeichnete seinen (scheinbar selbstgewählten) Ausweg als Winterschlaf – *a hibernation*. Und tatsächlich schwingt in diesem Wort viel mit, zuallererst die verführerische Idee, man könne sich, angesichts der allgemeinen Missachtung, Erniedrigung und des manifesten Vernichtungswillens zumindest vorübergehend aus dem Lebens- in einen Überlebensmodus versetzen. Wer Winterschlaf hält, hofft, indem er sich aus dem öffentlichen Leben herauszieht, eine Weile lang mit einem Minimum der Lebensfunktionen »durchzukommen« und dabei neue Kräfte zu akkumulieren. Und gleichzeitig überantwortet man sich einem Zustand der Latenz, einem Warten auf das Ende der unwirtlichen, ja eisigen Zeit.

Winterschlaf und Kellerloch waren bei Ellison Bilder für das, was gemeinhin »Entfremdung von der Gesellschaft« genannt wird. Erdacht vor den Hochzeiten der Bürgerrechtsbewegung. Im Versteck verloren die Gewaltverhältnisse, die draußen herrschten, ihre Gewalt. Hier konnte der Held, so hoffte er, den Feueratem der Geschichte an sich vorbeiziehen lassen. Vorerst gab das Lichtermeer seinem schwarzen Körper die Kontur, die die Gesellschaft ihm nicht zugestand. Und so winterschlief er in der Hoffnung, dass entweder das Draußen sich änderte oder dass er eines Tages genügend Kraft besäße, die Fesseln abzustreifen, das ausgesetzte Leben hinter sich zu lassen und sich beidem zu widersetzen: den eigenen inneren Abhängigkeiten und der Inbesitznahme durch andere. Bislang war er »unsichtbar«, weil er die Abhängigkeiten nicht hatte abstreifen können. Weil er sich nicht autorisieren konnte. Nun wartete er im Keller darauf, dass er eines Tages in der Lage sein würde, das zu realisieren, was Arendt später das »vollgültige ›Glück‹« des Handelns nennt. Und gleichzeitig fürchtete er sich vor der Verantwortung, wie sie aus jedem Handeln erwächst. Wie sollte er, der Unsichtbare, die Konsequenzen seines Handelns, die man bekanntlich nicht absehen kann, tragen, und das in einer Welt, die ihm seit seiner Geburt signalisierte, dass er als vollständiges Menschenwesen nicht vorgesehen war? Man musste nicht ein Schicksal, sondern ein Recht haben, auf der Welt zu sein. »I'm white inside, but that don't help my case«, sang Amstrong. Im Jazz und im Soul brach die Klage heraus, wo sie die Ohren der Anderen, auch der weißen Anderen erreichte. Sie wurde allgemein.

4. ANGST. Literatur, auch die bitterste, bereichert unser Dasein. Sie spricht ihr eigenstes Wort in die Geschicke der Welt. Im Lesen machen wir »Besuch« bei den verschiedensten Erfahrungen, Standpunkten, Gedanken, Sinneswelten, und erfahren, wie nebenbei, dass wir nicht allein sind mit unseren Fragen an die Welt. Ellison war überzeugt, dass Kunstwerke auch dann das Leben feiern, wenn in ihnen »das Leben dem Tod zustrebt«. Explizit verwahrte er sich in seinen Essays dagegen, sein Schreiben auf schwarze Parteinahme reduziert zu sehen. Er war kein engagierter, eher ein enragierter Schriftsteller. Sein Ziel war es, »die ganze Bandbreite der amerikanischen *negro-humanity* zu erkunden« und der amerikanischen Literatur zu implantieren. Er erinnerte daran, dass sich die gemeinsame amerikanische Sprache, aus dem britischen Königsenglisch entstanden, unter der Verschiedenheit der neuen Wirklichkeiten weiterentwickelt habe – gerade auch als Revolte des amerikanischen Alltags gegen die Zeichen, Symbole, Sitten und Autoritäten des Mutterlandes.

Wo Arendts Englisch zeitlebens von der deutschen Herkunftssprache imprägniert blieb, betonte Ellison, dass noch in dem poliertesten Harvard-Akzent ein »de'z and do'z of slave speech sounding« mitschwinge, und selbst im Yale-Akzent, sofern es einen solchen tatsächlich gebe, noch immer die *Negro*-Klage zu hören sei. Weiter behauptete er: Beweglichkeit, Musikalität, Rhythmus, freie Diktion und Metaphorik der *negro*-amerikanischen Folklore habe bereits die Literatur beeinflusst, als die Mehrheit der Schwarzen noch versklavt war. Ihre Fähigkeit, dem Leben mit spezifischer Tragikomik zu begegnen, erkläre nicht zuletzt auch die geheimnisvolle Attraktivität des Soul.

In Ellisons Roman verwob sich Südstaatensound (»Satzmelodie und Idiom in der Sprache der amerikanischen Schwarzen entsprechen der amerikanischen Wirklichkeit, wie mein Volk sie erfahren hat«) mit expressionistischen und surrealen Elementen. Als er erschien, war die schwarze Moderne noch jung. Das »Build, therefore, your own world« des Aufklärers Ralph Waldo Emerson stand als unerfülltes Versprechen im Raum.

Der Mensch ist von seiner Natur her befähigt, sich von den Bedingungen, denen er zunächst unterworfen ist, im Denken, Sprechen und Handeln zu befreien und sich in die Zukunft zu entwerfen, also eigene Pläne zu fassen, um mit ihnen die Zukunft zu gestalten. Warum nur war dies seinem Helden nicht gegeben? Warum schien er der Welt ausgeliefert, ihr Leibeigener?

So fiktiv das Romangeschehen, so wahr die Welt darin. In einer der Schlüssel-Szenen aus dem Prolog stößt der Protagonist in der Dämmerung auf der Straße mit einem Weißen zusammen. Als dieser ihn, vielleicht im ersten Schreck, vielleicht aus rassischen Motiven heraus, aufs Gröbste beleidigt, empört sich der Schwarze, fordert den Weißen auf, sich zu entschuldigen, und schlägt, als dieser die Entschuldigung verweigert, in seiner Wut – oder in gedemütigter Würde – auf ihn ein. Fast schlägt er ihn tot, doch endlich überwiegt der Schreck über das eigene Tun und über die Gewalt seiner Wut – und er lässt von dem anderen ab. Gespenstische Verhältnisse, in denen der Mensch über sich erschrickt und sich selbst zum

Feind wird. Der Schutzraum des Kellerverstecks war also nicht allein ein Raum zum Schutz vor der feindlichen Außenwelt, sondern auch ein Raum zum Schutz vor sich selbst: vor seiner eigenen Scham und vor seiner eigenen Wut. Nirgends, nicht einmal in seinem eigenen Innern war man vor der Gewalt der Verhältnisse in Sicherheit.

Vieles im Roman und in Ellisons Äußerungen entsprach Hannah Arendts Denkansätzen. Es entsprach ihr, wenn der Protagonist im Monolog seine frühere Assimilation an fremde, von außen aufgezwungene Lebensweisen anprangerte. Es entsprach ihr, dass er, auch wenn er im Moment die Verantwortung für seine Lage nicht mehr stemmen konnte, dennoch in der Hoffnung überlebte, eines Tages das Kellerloch zu verlassen und wieder im Licht der Öffentlichkeit zu erscheinen, um sprechend und handelnd die Welt tatsächlich mitzugestalten. Nur: Er hatte noch keinen Weg ins Freie gefunden. Keinen Weg in die Freiheit.

Doch was eigentlich ist das: Freiheit? In einer an Dante erinnernden Höllen-Vision vernimmt der Held des Romans von weitem ein Stöhnen. Wie er beim Näherkommen feststellt, stammt es von einer alten schwarzen Spiritual-Sängerin, die ihm erzählt, sie habe ihren *Master* und Vergewaltiger getötet. Wie sehr hatte sie ihn gehasst! Doch da sie die beiden Söhne, die er ihr »geschenkt« hatte, liebte, hatte sie über die Jahre »gelernt«, auch ihn zu lieben. Immer habe er ihr und vor allem den Kindern die Freiheit versprochen, doch tatsächlich habe er diesem Versprechen nie eine Tat folgen lassen. Aus Schmerz darüber, dass die Knechtschaft, die sie erlitten hatte, sich in den Kindern fortsetzen würde, vergiftete sie ihren »Master« – vielleicht auch, um zu verhindern, dass ihre Söhne ihn in jugendlichem Hass umbrachten und sich auf diese Weise ihre Zukunft vollends verbauten. Befragt danach, wie sie sich die Freiheit vorstelle, kam die Antwort:

> Hab ich vergessen, mein Sohn. Ist alles durcheinander. Zuerst denke ich, sie ist das, dann wieder das. Mir brummt der Schädel. Inzwischen glaube ich, sie ist nichts andres, als zu wissen, wie ich das, was ich im Kopf hab, auch sage. Aber das ist Schwerstarbeit, mein Sohn. Zu viel ist mir passiert in zu kurzer Zeit. Als hätt ich ein Fieber. Jedes Mal, wenn ich gehen will, dreht sich mir alles im Kopf, und ich falle. Und wenn's nicht das ist, dann sind's die Jungs; die fangen an zu lachen und wollen alle Weißen umbringen. Sie sind verbittert, ja, das sind sie ...

Angst, Gewalt, Desorientierung – sie bringen die Menschen um ihre Sprache und in die Not, sich die Welt neu auszubuchstabieren. Was nur war dran an dem Credo des Kellermenschen, Winterschlaf sei verstohlene Vorbereitung auf unverhohlenes Handeln; und vor allem an dem zweiten Credo: Wenn ich entdeckt habe, wer ich bin, werde ich frei sein.

Freiheit ist bei Ellison und Arendt die Idee, dass das menschliche Handeln die Kraft hat, den Lauf der Geschichte zu wenden und so die Last der Vergangenheit zu lindern. In Arendts »Vita activa« liest man: »Sprechend und handelnd schalten wir uns in die Welt der Menschen ein, die existierte, bevor wir in sie geboren wurden, und diese Einschaltung ist wie eine zweite Geburt, in der wir gleichsam die Verantwortung dafür, dass wir geboren wurden, auf uns nehmen.« Denn ein jeder hat qua Geburt die Chance, zu »erscheinen«, sich in die weltlichen Belange einzumischen und diese seine Welt mitzugestalten.

Arendt und Ellison beschworen jedoch nicht nur die Notwendigkeit, im Handeln ihr Menschsein zu realisieren, sie wussten auch, dass es Momente gibt, in denen es einer besonderen Courage und Selbstbeherrschung bedarf, nicht zu handeln – jene Momente, in denen Nichthandeln ein Handeln ist, insofern man sich im Nichthandeln der Gefahr entzieht, ja: ihr entkommen muss, an der fortgesetzten Erniedrigung mitzuwirken. Und beide, Arendt wie Ellison, warnten unabhängig voneinander vor der Gefahr oder Verführung des Sich-Anpassens, die sie beide, etwas verkürzt gesagt, als eine Spielart der Gleichschaltung ansahen.

Ellisons Protagonist im Roman hatte ein Charaktermerkmal: Er war bereit, alles zu tun, was »die anderen« von ihm verlangten. Wie seine Vorfahren war auch er (zu lange schon) ein Rädchen im Getriebe der ihnen entfremdeten Welt. Allzu bereitwillig strebte er danach, sich anzupassen. Doch wer sich wie der Protagonist zu assimilieren versucht, möchte in seiner Einzigartigkeit nicht gesehen werden. Auch das eine Art von Unsichtbarkeit.

5. GLEICHHEIT. Am 6. Januar 1941, fast ein Jahr vor dem tatsächlichen Kriegseintritt der USA, wandte sich Theodore Roosevelt an die amerikanische Öffentlichkeit und verkündete, die Menschheit habe ein Recht auf vier Freiheiten: auf Redefreiheit und Glaubensfreiheit sowie auf die Abwesenheit von Not und Furcht. Eine Furchtlosigkeit der Schwarzen hatte er dabei nicht im Sinn. Ohnehin sprach man im Lande meist nicht *mit* ihnen, sondern über sie.

1619 waren die ersten Schwarzen als Sklaven nach Nordamerika verschleppt worden; sie schufteten bereits auf den Feldern europäischer Kolonisatoren, als 1620 auf der Mayflower die *pilgrims* bei Cape Cod landeten – knapp 150 Jahre bevor Jefferson die Verfassung unterschrieb. Doch noch in den 1950er Jahren wurde der Anteil der Schwarzen am Aufbau der Vereinigten Staaten meist beschwiegen, und noch immer sprach man im Land der Menschenrechte vom *negro problem*, statt zu sehen, dass die Rechtlosigkeit der Schwarzen tatsächlich ein Problem der gesamten US-amerikanischen Gesellschaft war.

Rassismus, ein Produkt der Sklaverei, war ein gewalttätiges Konstrukt zur Aufrechterhaltung weißer *supremacy*. Obwohl im Zuge der *reconstruction* Ende der 1860er Jahre im 14. und 15. Verfassungszusatz allen US-Bürgern gleiche Bürger- und Wahlrechte verfassungsmäßig garantiert worden waren, verweigerten die Südstaaten die Anerkennung dieser Verfassungszusätze und hielten in ihren Staaten mittels eigener Zusatzgesetze (*Jim Crow laws*) das System der Segregation und der Entrechtung der Schwarzen aufrecht. So schrieb sich die Rassentrennung im Süden rechtlich fort – in Krankenhäusern, Bussen, Gaststätten, Kultureinrichtungen und nicht zuletzt in Schulen und Universitäten. Nachdem 1954 der Oberste Gerichtshof in Washington aufgrund einer Sammelklage schwarzer Eltern nach einem mehrjährigen Verfahren in dem Präzedenzurteil »Brown v. Board of Education« verfügt hatte, dass die Rassentrennung an öffentlichen Schulen gegen den 14. Verfassungszusatz verstieß, waren alle Schulbehörden aufgefordert worden, die Rassenschranken in den öffentlichen Bildungseinrichtungen aufzuheben, zumal die schwarzen Schulen in der Mehrheit deutlich schlechter ausgestattet waren. Noch immer hatten Schwarze und Indigene (nicht nur im Süden) keinen gleichen Zugang zur Bildung.

Das Urteil stieß vor allem bei den *southerners* auf heftigen Widerstand, so auch in Little Rock, der Hauptstadt von Arkansas, am Übergang der Quachita Mountains zum Mississippi Delta gelegen, wo einst, bevor die europäischen Händler kamen, unter anderen die Gemeinschaft der Quapab lebte. Dort war die oberste Schulbehörde angewiesen worden, neun schwarzen Schülerinnen und Schülern einen Platz in der lokalen öffentlichen High School zu gewähren, doch der Gouverneur von Arkansas opponierte, und so hinderte die Nationalgarde des Bundesstaates Arkansas gemeinsam mit einem »Mob von kreischenden und hysterischen Demonstranten« (»New York Times«) die neun schwarzen Jugendlichen Anfang September 1957 mit »Lyncht sie«-Rufen am Schulbesuch – unter den Augen der gesamten Nation, da das Fernsehen erstmals in der Lage war, live zu berichten. »Es war wie Krieg«, erzählte später einer der Beteiligten. Die Bilder vom Spalierlauf dieser stolzen Jugendlichen, die für ihren

Bildungshunger bespuckt wurden, gingen um die Welt, und angesichts der breiten Empörung sah sich US-Präsident Eisenhower aufgerufen, einzuschreiten. Er unterstellte die 10 000 Mann umfassende Nationalgarde von Arkansas dem Bundeskommando und entsandte zusätzlich Bundestruppen sowie eine Fallschirmjäger-Einheit nach Little Rock, um das Recht der Jugendlichen auf den Besuch der Public High School durchzusetzen. Ein Präzedenzfall war geschaffen.

Die gesetzestreuen Bürger der Stadt hatten die Straße dem Mob überlassen. Und als James Baldwin, der in Paris an den Zeitungskiosken den »unbeschreiblichen Stolz, die Spannung und Angst« im Gesicht eines solchen schwarzen Mädchens sah, das die Mauer des Hasses zu durchbrechen suchte, reagierte er, wie er später erzählte, unmittelbar: »Es machte mich wütend, ich war voller Hass und Mitleid zugleich, und es beschämte mich. Einer von uns hätte ihr beistehen sollen.« Hannah Arendt zog andere Schlüsse. Sie beunruhigte offensichtlich, dass Eltern ihre Kinder einem weißen Mob aussetzten, und in Anlehnung an ihre normative Unterscheidung zwischen politischem, sozialem und privatem Bereich aus *Vita activa* kritisierte sie die Politik der schwarzen Vertretungsorgane: Warum nur, so lautete ihre Kritik, rückte die Bürgerrechtsbewegung »die Diskriminierung im Sozialen, also auf dem Arbeits- und Wohnungsmarkt und im Bildungswesen in den Vordergrund«, statt sich für politische Gleichheit, also für die allgemeinen Menschen- und Bürgerrechte, für die Aufhebung des Mischehenverbots und für das allgemeine Wahlrecht zu engagieren? Rechtliche Erzwingung der Gleichheit im öffentlichen Raum (z.B. in

Bussen und Geschäftsräumen) schien ihr dringend geboten, aber in den Schulen stand ihrer Meinung nach kein politisches Grundrecht auf dem Spiel.

Aus der Geschichte der Juden in Deutschland hatte Arendt, wie bereits im Zusammenhang mit ihrer Rahel-Studie erwähnt, die Lehre gezogen, dass es auf politische Gleichheit ankam, also auf die Gewährleistung der Gleichheit aller Bürger eines Landes durch das Gesetz und vor dem Gesetz. Soziale Anerkennung habe immer politische Ungleichheit beinhaltet, schrieb sie an ihren Kritiker Matthew Lipman. Und in dem Vortrag »Nationalstaat und Demokratie« erläuterte sie 1963, das Nationale spiele in Amerika in der gesellschaftlichen Sphäre eine sehr große Rolle; dies äußere sich in der allgemein bekannten Diskriminierung am deutlichsten; doch politisch sei auch diese Diskriminierung ohne Bedeutung – »außer im Falle der Neger, die aber ein besonderes Problem bilden«. Über dieses »besondere Problem« schwieg sie sich des Weiteren jedoch aus.

Noch etwas anderes hatte Hannah Arendt aus dem Studium der jüdischen Geschichte gelernt: Vor Vorurteilen war man offensichtlich »nur auf dem Monde« sicher, denn die Gewohnheit, zu diskriminieren, zu unterscheiden, entsprach, so führte sie aus, einem zutiefst menschlichen Bedürfnis, dem man nicht mit Gesetzen beikommen konnte, weshalb es die dringlichste Aufgabe des Staates war, die rechtliche und politische Gleichheit zu garantieren und auf diese Weise dafür zu sorgen, dass jede Diskriminierung auf den Bereich des Gesellschaftlichen beschränkt blieb. Wo man eine Chance hatte, die Meinungen im Miteinander zu verändern. Denn Vorurteile ließen sich per Gesetz nicht abschaffen. Und: man kann sie niemandem ausreden. Vorurteile, so wird Arendt später schreiben, sind Meinungen und haben wie diese die Eigenschaft, sich unter Druck zu verändern, sei es, sich zu verstärken, sei es eben, sich aufzulösen.

Folgt man für einen Moment der Argumentation aus »Little Rock«, so fällt auf, in welch uns ungewohntem Maße Hannah Arendt dort die Privatsphäre verteidigt. Zwar besaß der Staat sicher auch in ihren Augen einen allgemeinen Bildungsauftrag, doch die persönlichen Rechte der Eltern, das Recht, das Heranwachsen der eigenen Kinder eigenständig zu gestalten, musste ihrer Meinung nach vor fremder Einflussnahme geschützt werden. Denn Eltern trugen, darüber hatte Arendt kurz zuvor in ihrem Essay »Die Krise der Erziehung« nachgedacht, nicht nur die Verantwortung für den Fortbestand der Welt, sondern vor allem die Verantwortung »für Leben und Werden« ihrer Kinder. Und Kinder, die Arendt als »unvollständige Menschen« und »Neuankömmlinge« ansah, benötigten Geborgenheit, um in diese Menschenwelt hineinwachsen zu können. Dass auch »Kinder«, in diesem Fall 16-Jährige, politische Subjekte sein können, schien ihr ausgeschlossen.

Hinzu kam, dass ihrer Meinung nach »Kinder« nicht die Kämpfe der Erwachsenen ausfechten durften. Das Gefühl, sich gleich einem Parvenü in eine Gruppe hineinzudrängen, in der man radikal abgelehnt werde, sei ein schlechter Start ins Leben: Er verletze Stolz und persönliche Integrität der Jugendlichen. Die Erbarmungslosigkeit öffentlicher Auseinandersetzungen würde das

Menschwerden nur zerstören, denn den Anstrengungen, derer es bedarf, um in der Welt zu bestehen, seien Kinder noch nicht gewachsen.

Hier wie in so vielen ihrer Werke besteht Arendt auf den Möglichkeiten des Freiheitsgedankens in staatlicher Politik. Die Politik kann nur eins: die Gleichheit aller vor dem Gesetz garantieren. Die Frage, ob und wie die Menschen einander tatsächlich als Gleiche wahrnehmen und annehmen, ist damit nicht vom Tisch.

Neben ihrer Beschäftigung mit den Fallstricken jüdischer Assimilation, Emanzipation und Ausgrenzung war einer der Anstöße dafür, dass Arendt zu den Ereignissen in Little Rock überhaupt das Wort ergriff, offensichtlich biographischer Natur, wie man in ihrer Vorbemerkung zu dem Text lesen konnte, denn auch sie war in Deutschland als Kind Rassismus ausgesetzt gewesen. Durch ihre Mutter hatte sie dreierlei gelernt: Man darf sich nicht ducken. Man muss sich wehren. Und: Man braucht Regeln, um sich zu schützen. Dem Antisemitismus der Mitschülerinnen und Mitschüler musste Hannah Arendt sich stellen, während sie angewiesen war, im Falle antisemitischer Äußerungen aus der Lehrerschaft, also von Repräsentanten der Öffentlichkeit, die Schule sofort zu verlassen und nach Hause zu kommen – wo ihre Mutter sich dann an den Tisch setzte und einen Beschwerdebrief an den Rektor der Schule schrieb. Die Regeln der Mutter waren dem Kind Gesetz – und Stütze: »Sehen Sie«, sagt Arendt, »der Antisemitismus ist allen jüdischen Kindern begegnet. Und er hat die Seelen vieler Kinder vergiftet«, aber »es gab Verhaltensmaßregeln, in denen ich sozusagen meine Würde behielt und geschützt war, absolut geschützt, zu Hause«. Die Fotos der angefeindeten Jugendlichen von Little Rock hatten offensichtlich Erinnerungen wachgerufen und damit auch Erinnerungen an die damaligen mütterlichen Schutzregeln. Da Schwarze wie Juden jeweils verfolgte Minderheiten waren, trug die Parallele bis zu einem gewissen Grad; doch die Ausgangslage war eben doch grundverschieden. Hannah Arendt ließ außer Acht, dass man, das lehrt uns auch die derzeitige Auseinandersetzung über multidirektionales Erinnern, letztlich den Antisemitismus nicht mit dem Hautfarbenrassismus in den USA parallel, geschweige denn gleichsetzen konnte. Es gab Parallelen, doch die Juden in Europa hatten keine Sklavengeschichte. Und bei aller Diskriminierung, ja Verfolgung hatte schon die Generation von Arendts Großvater die Möglichkeit gehabt, zum Stadtverordneten gewählt zu werden. Und Arendt selbst hat nie um ihr Abitur bangen müssen, weil sie eine Jüdin war.

6. TIEFE GEFÜHLE. Jede Rekonstruktion von Geschichten ringt mit vorhandenen Lücken, doch indem die Geschichten von Zeit zu Zeit neu betrachtet und neu erzählt werden, erscheinen Fakten wie Lücken immer wieder in neuem Licht. Dies gilt vielleicht auch für die Kontroverse um Hannah Arendts Aufsatz »Little Rock«, der gegen den Strom tiefer Gefühle und unbewältigter Vergangenheiten anschwamm, wie es die Arendt-Biographin Elisabeth Young-Bruehl einmal sinngemäß formulierte. Dass Arendt den weißen Südstaatlern, auf deren Vorstellungen man im Norden allgemein herabsah, das Recht auf begrenzte soziale Exklusivität zusprach, verletzte die Gerechtigkeitsvorstellung vieler ihrer Freunde. Um was aber ging es in der Kontroverse?

Die Redaktion der Monatszeitschrift »Commentary« hatte Hannah Arendt mit einem Beitrag zu den Ereignissen in Little Rock beauftragt, doch als ihr Text – unter Zeitdruck verfasst – in der Redaktion ankam, verzögerte diese das Erscheinen, denn Arendts Überlegungen passten nicht in die Politik des American Jewish Committee (AJC), der die Zeitschrift herausgab. Tatkräftig hatten jüdische Organisationen in der Vergangenheit schwarze Bürgerrechtsinitiativen gefördert und Anfang des 20. Jahrhunderts sogar am Aufbau der schwarzen Vertretungsorganisation NAACP (National Association for the Advancement of Colored People) mitgewirkt; nicht nur im Süden des Landes vertraten jüdische Anwälte Schwarze bei deren verzweifelten Versuchen, zu ihrem Recht zu kommen. Einige der Anwälte übten sich dabei in einer ganz privaten Art von Gerechtigkeit: Jack Greenberg etwa, der mit 27 Jahren 1954 der jüngste Anwalt im bereits genannten »Brown v. Board of Education«-Prozess war und vielfach vor Gericht Schwarzen ihr Recht erstritt, nächtigte, wenn er geschäftlich in den segregierten Süden reiste, in den Hotels der Schwarzen und aß in deren Restaurants. Wer entschied schließlich über *For Blacks Only*?

Doch zurück zu den Hintergründen von Arendts »Überlegungen zu Little Rock«. Angesichts der himmelschreienden Zustände in schwarzen Bildungseinrichtungen, angesichts der weißen Bildungsprivilegien also, war ein Ende der gesetzlich legitimierten Segregation an den Schulen der Südstaaten vielen mehr als eine Herzenssache. Auch Ralph Ellison hatte 1954, als die rechtliche Erzwingung der Integration vom Obersten Gerichtshof beschlossen wurde, laut gejubelt: »Welch eine wunderbare Welt der Möglichkeiten tut sich für unsere Kinder nun auf!« Endlich sei ein weiterer Aspekt des Bürgerkriegs gewonnen, und nun, da dieser Sieg errungen sei, hänge es endlich ganz von ihnen selbst ab, was sie daraus machten. Dass Arendt nirgends auf all diese enormen Hoffnungen einging, sondern im Gegenteil einzelne (allen nebensächlich erscheinende) »Rechte« weißer Südstaaten-Eltern verteidigte, empörte alle, die auf Bildung und Integration hofften; Arendts Argument, die Aufhebung der Segregation in den Schulen sei keine politische, sondern eine gesellschaftliche Aufgabe, stieß weit und breit auf völliges Unverständnis. Damals wie heute. Dabei wurde kaum realisiert, dass Hannah Arendt keineswegs dem Status quo das Wort sprach, sondern der Meinung war, dass die Gesellschaft diesem auf Vorurteilen basierenden Missstand nur als Gesellschaft, also durch gemeinschaftliche

Beschlüsse Abhilfe schaffen konnte – etwa durch gemeinschaftliche Beschlüsse der Schulgremien, eine vorhandene Schule für alle Bevölkerungsgruppen zu öffnen, oder durch gesellschaftliche Initiativen, die sich zum Ziel setzten, gemischte Schulen aufzubauen.

David Spitz, einer ihrer Kritiker, argumentierte damals, dass Arendts Unterscheidungen von politisch, sozial und privat zwar reizvoll klängen, aber in der Wirklichkeit gebe es keine menschlichen Handlungen, die nur einem dieser Bereiche zuzuordnen seien. Es ist noch heute unverständlich, dass ihr Essay die Gewalt schwarzer Exklusion ebenso ausspart wie die Hoffnungen, die das Gerichtsurteil in den Seelen der Menschen geweckt hatte, und ebenso wenig davon sprach, was geschehen kann und muss, damit die Benachteiligten nicht immer weiter in Nachteil geraten.

Noch einmal zurück zur Publikationsgeschichte: Der AJC hatte sich maßgeblich an der juristischen wie politischen Kampagne beteiligt, die 1954 zu dem bereits genannten Urteil geführt hatte. Die Forderung nach besseren Bildungschancen für Schwarze mußte man einfach unterstützen. Arendts Kritik an der rechtlichen Forcierung, unter Zeitdruck verfasst, stieß also nicht nur bei der Redaktion, sondern auch bei der verlegerischen Institution auf Befremden. Nach einem recht unerfreulichen Hin und Her zog Arendt am 1. Februar 1958 ihren Essay zurück und beschwerte sich bei der Redaktion, dass in der Stadt zahlreiche Gerüchte kursierten (»die übliche Mischung aus schlichter Dummheit, absichtlicher Verzerrung und offener Unwahrheit«) und die Büroangestellten sich über ihren Beitrag das Maul zerrissen. Arendts Meinung nach argumentieren ihre Kritiker an ihren Ausführungen vorbei, als hätten sie den Text nicht gelesen.

Da die Auseinandersetzungen in Little Rock jedoch nicht abflauten und die dortige Central High School wegen des massiven weißen Widerstands zeitweise sogar geschlossen (und später wohl privatisiert) wurde, entschloss Arendt sich Anfang 1959, ihren Beitrag doch noch zu veröffentlichen; so erschien er nahezu unverändert in der Zeitschrift »Dissent«, begleitet von einer kurzen Stellungnahme der Redaktion, die es als ihre »Pflicht« ansah, wie sie erklärte, auch dissidenten Meinungen eine Plattform zu geben.

Arendts Rechtsauffassung war überdeutlich: »Es geht nicht darum, *wie* die Diskriminierung abgeschafft werden kann, sondern um die Frage, wie man sie auf den Bereich der Gesellschaft, wo sie legitim ist, beschränken kann; wie man verhindern kann, dass sie auf die politische und persönliche Sphäre übergreift, wo sie sich verheerend auswirkt.« Man spürt hier, was man vielleicht nicht hören will, dass Hannah Arendt, die politische Theoretikerin, den Essay schrieb aus Verzweiflung darüber, dass der Bereich des Politischen – die Herstellung gleicher Rechte und die Ahndung aller Rechtsverstöße gegen dieses Gleichheitsprinzip – zunehmend gegenüber dem Sozialen ins Hintertreffen geriet. Dagegen insistierte sie in »Little Rock« darauf, dass es ihr dringend geboten schien, die politischen und privaten Grundrechte endlich im ganzen Land in ihr Recht zu setzen – das Wahlrecht, die Bürgerrechte und das Recht, zu heiraten, wen man will. Das war 1959.

7. UNBEWÄLTIGTE VERGANGENHEIT. Dass sie als Jüdin auf der Seite der Unterdrückten stand, schien Hannah Arendt 1959 derart selbstverständlich, dass es ihr fast unangenehm war, dies in der Vorbemerkung erwähnen zu müssen. Sie hatte absichtlich noch nie Reisen in die Südstaaten unternommen (»weil diese mich in eine mir persönlich unerträgliche Situation gebracht hätten«), und selbstredend teilte sie die dortigen Vorurteile der Weißen nicht. Die Segregation sei ein Ergebnis der Sklaverei, »des einen großen Verbrechens in der Geschichte Amerikas«, das nur im politischen und historischen Rahmen der Republik gelöst werden könne – und eben dort, im Politischen, gelöst werden müsse. Das meinte sie genau so, auch wenn der Satz viel zu oft überlesen wurde und wird.

Um diese Erbschaft der Sklaverei nun aber tatsächlich im Politischen auszuschlagen, um unerschrocken auch an die Tabus dieser Erbschaft zu rühren, forderte sie die Politik auf, sich entschlossen für vollständige politische Gleichheit einzusetzen, also sowohl für die allgemeinen Menschen- und Bürgerrechte als auch für das allgemeine Wahlrecht. Doch allen voran plädierte sie für die Aufhebung des Mischehenverbots, das sie als das »schändlichste Gesetz der Südstaaten« ansah, da es gemischtrassigen Geschlechtsverkehr und Mischehen als strafbare Handlungen deklarierte. Es gehe, so ihre Kritik weiter, nicht an, dass die Bürgerrechtsbewegung dieses Verbot nicht einmal erwähne, geschweige denn seine Abschaffung verlange, zumal es in 29 von 49 Bundesstaaten damals noch in Kraft war. Auch hier verteidigte sie die persönliche Freiheit vehement. Eine Lehre aus der eigenen Geschichte? Das Recht, zu heiraten, wen man will, sei und bleibe ein elementares Menschenrecht, so Arendt – und sein Verbot sei ein unmittelbares Erbe der Sklaverei.

Eine der bekannteren Folgen dieses Mischehen-Verbotes war die Geschichte von den schwarzen GIs aus den Südstaaten, die im 2. Weltkrieg für Demokratie und Freiheit und gegen den Hitler-Rassismus gekämpft hatten, denen jedoch, wenn sie nach ihrem Armeedienst mit in Europa geheirateten (weißen) Ehefrauen nach Hause zurückkehren wollten, Strafverfolgung, ja die Todesstrafe drohte. Wie konnte die Abschaffung dieses Gesetzes, so Arendt, als ein minderrangiges Ziel angesehen werden, schließlich beraubte es die Menschen ihrer privaten Freiheit und untermauerte zudem per Gesetz die Ungleichheit von Schwarz und Weiß.

Im Übrigen, das wird oft vergessen, war das Verbot intimer rassengemischter Beziehungen in der Vergangenheit Vorwand für unzählige Lynchmorde gewesen, darunter für die fingierten Beschuldigungen gegen den 14-jährigen Emmett Till, der aus Chicago bei einem Onkel in Mississippi zu Besuch war und dort, da er angeblich eine weiße Ladenbesitzerin belästigt hatte, gelyncht und in den Tallahatchie River geworfen wurde. Aufgrund der öffentlichen Empörung mussten die Mörder vor Gericht gestellt werden, doch nach fünf Tagen Pro-forma-Verfahren wurden sie freigesprochen. Ein Großteil der Öffentlichkeit empörte sich damals, und dennoch war kaum jemand bereit, an diesem verfassungswidrigen Gesetz zu rütteln.

Die meisten der Kritiken an ihrem Text wichen dem Thema aus oder erklärten, es gebe keinerlei Grund, ja, es sei völlig inopportun, dieses Gesetz zu diesem Zeitpunkt politisch anzugreifen, zumal die Schwarzen es ihrerseits ja auch nicht ansprächen. Zudem, so David Spitz in seiner Replik im »Dissent«, sei es unklug und schädlich, jetzt die Mischehe ins Spiel zu bringen, denn der Bereich der intimen sexuellen Beziehungen sei nun einmal »der sensibelste Punkt in der gesamten Rassenfrage«. Was er damit meinte, führte er nicht aus. Doch er folgerte: Würden die Schwarzen die Abschaffung des Mischehenverbots auf ihre Fahne schreiben, stünde fortan der Verdacht im Raum, dass die ganze Bürgerrechtsdebatte nur ein Täuschungsmanöver sei und es den Schwarzen in Wirklichkeit nur um die Ausweitung gemischtrassiger Sexualität gehe.

Man ahnt, in welchem Ausmaß der Mythos vom sexualisierten animalischen Schwarzen immer noch in den Köpfen spukte. Arendt attackiert die Verletzung des Gleichheitsprinzips in ihrem Aufsatz unmittelbar:

> Der Widerwille amerikanischer Liberaler, die Frage der Heiratsgesetze anzurühren, die Bereitwilligkeit, mit der sie sich auf die Praktikabilität berufen und vom Thema ablenken, indem sie darauf beharren, dass die Schwarzen selbst kein Interesse an dieser Sache hätten, und die Verlegenheit, die sie ergreift, wenn man sie an das erinnert, was in der ganzen Welt als das empörendste Einzelgesetz der westlichen Hemisphäre bekannt ist - all dies ruft einen früheren Widerwillen in Erinnerung, nämlich die Abneigung der Gründerväter der Republik, Jeffersons Rat zu folgen und das Verbrechen der Sklave-

> rei abzuschaffen. Auch Jefferson gab aus praktischen Gründen nach, aber er besaß noch so viel politisches Bewusstsein, um nach dem verlorenen Kampf zu sagen: »Ich zittere um mein Vaterland bei dem Gedanken daran, dass Gott gerecht ist und dass seine Gerechtigkeit nicht ewig schlafen kann.« Er zitterte nicht um die Schwarzen, auch nicht um die Weißen, sondern um das Schicksal der Republik, weil er wusste, dass einer ihrer lebenswichtigen Grundsätze am Anfang verletzt worden war. Nicht Diskriminierung und gesellschaftlich praktizierte Rassentrennung in allen möglichen Formen, sondern Rassengesetze stellen die Verlängerung des Verbrechens dar, das mit der Gründung dieses Landes einherging.

Die Relikte der unbewältigten Vergangenheit herrschten weiter, und deren Verdrängung offensichtlich auch. Heute ist bekannter als zu Arendts Zeiten, dass Jefferson zwar öffentlich für die Abschaffung der Sklaverei eintrat – unter anderem mit dem Argument, dass sie die Weißen zu sträflichem Müßiggang ermuntere; doch tatsächlich besaß auch er in Virginia an die zweihundert Sklaven und zeugte mit Sally Hemings, sie war eine seiner »beweglichen Besitztümer«, wohl mehrere Kinder. Über die Freiwilligkeit dieser Geschlechtsakte ist bis heute nichts bekannt. Bekannt aber ist, dass Jefferson seine Sklavin nie in die Freiheit entließ und erst nach seinem Tode testamentarisch einigen ihrer Kinder die Freiheit schenkte, während er zu Lebzeiten gespenstische Berechnungen anstellte, wie viele Generationen solcher Mischlingskinder es brauche, bis aus einem Menschen mit dunkler Haut ein *pure white* werde. Außerdem weiß man heute, dass noch Mitte der 1960er Jahre einzelne Führungsmitglieder der schwarzen Bewegung ausgeschlossen und des Verrats bezichtigt wurden, weil sie in gemischtrassischen Ehen lebten. Man sieht: Unbewältigte Vergangenheiten überwältigen eine Gesellschaft, sie tragen ihre Gewalt in alle Poren hinein.

8. DAS IDEAL DES OPFERS. Zurück zu dem Interview, das Hannah Arendt zu dem genannten Brief bewegt hatte. Das deutsche Wort »Opfer« hat einen doppelten Sinn, während das Englische beide Bedeutungen unterscheidet: *victim*, Opfer sein, vom Lateinischen *victima* herkommend, bezeichnet Menschen oder Gruppen, die aus welchen religiösen oder politischen oder ideologischen Motiven auch immer Opfer von Übergriffen geworden sind oder werden. *Victim* suggeriert Passivität. Leiden, erleiden. Jenes Leiden, das politisch anzuerkennen und das abzuschaffen notwendig war, das aber nicht die Politik leiten durfte, wie Hannah Arendt durch ihre Auseinandersetzung mit der jüdischen Geschichte verstanden hatte. *Sacrifice* hingegen ist nicht passiv, es sind nicht die anderen, die einen malträtieren, sondern man selbst beschließt, sich ganz einer »Sache« hinzugeben. Das eigene In-der-Welt-Sein in die Waagschale zu werfen – ursprünglich wohl für ein religiöses Heil, später vielleicht für eine Revolution; in Ellisons Vorstellung vom *ideal of sacrafice* hatte die amerikanische Geschichte den Schwarzen die Aufgabe zugeteilt, den Winterschlaf zu verlassen und sich für die Rückeroberung der republikanischen Werte zu »opfern«, sprich: gegen die hohlen und hohlgewordenen Werte der Republik in die Bresche zu springen. Ausgerechnet ihnen, den Abkömmlingen der Sklaven, war ironischerweise die Aufgabe zugefallen, die Republik wieder »in Einklang mit den einst proklamierten Idealen« zu bringen. Dieser Aufgabe hatten die Schwarzen sich offensichtlich zu verschreiben, auch wenn dieses Opfer für jeden von ihnen eine große moralische Belastung war, Selbstachtung, Selbstvertrauen und Disziplin gleichermaßen erforderte, wie die Schü-

lerinnen und Schüler von Little Rock gezeigt hatten. Nie war es in der Politik wirklich auf sie, die Schwarzen, angekommen; auch im Bürgerkrieg, der ja für ihre Befreiung geführt worden war, waren sie vor allem Manövriermasse gewesen. Jetzt handelten sie. Jetzt musste es endlich auch in der Politik auf sie ankommen. Und nur wenn sie, die Schwarzen, ihre eigenste Eigenart dabei gewännen, gewänne auch der Geist der Republik, davon war Ellison überzeugt.

Ellisons Ablehnung von Arendts Standpunkt war grundsätzlicherer Natur als die ihrer früheren Kritiker. Er fragte im Interview, wie es sein konnte, dass sie vor der tatsächlichen täglichen Not und dem Leid sowie dem systematischen Ausschluss der Schwarzen aus der Gestaltung des Landes derart die Augen verschloss. Dass sie ihr Denken derart gegen die Wirklichkeit der Schwarzen abschottete. Ellison kritisierte nicht, ihr Standpunkt sei inopportun, behauptete nicht, sie schade einer guten Sache, sondern konstatierte schlicht, sie habe keinerlei Ahnung von der Lage der Schwarzen und keinerlei Ahnung, welche Qualen sich tagtäglich im Kopf einer jeden schwarzen Mutter abspielten. So etwas wie eine behütete Kindheit, wie Arendt sie sich vorstelle, gebe es für Schwarze einfach nirgends in den USA; viele Schwarze lebten prekär und manche hätten nach wie vor nicht einmal einen »realen« Status, wie er sagte, was wahrscheinlich damals bedeutete: keine reguläre Anmeldung, keinen Job, keine Versicherungskarte.

Arendt muss bei der Lektüre des Buches »Who Speaks for the Negro« verstanden haben, so könnte man den Brief an Ellison interpretieren, in welchem Ausmaß schwarzes Heranwachsen ein täglicher Überlebenskampf war. Ellison wie alle Schwarzen kannte diese Realität fortgesetzten Spalierlaufs. Auch sein Leben war davon geprägt. Umso verbundener fühlte er sich all jenen anderen, die sich wie etwa die Jugendlichen von Little Rock dem grausamen Initiationsritus aussetzten. Doch dabei ging es ihm noch um etwas anderes: Die meisten, die sich mit der Lage der Schwarzen befassten, sprachen über die soziale Not, aber wer sprach von den Werten? Tatsächlich ging es ja darum, dass in diesem Kampf nichts Geringeres als die Normen und Werte der Verfassung zur Diskussion standen. »Also opfern wir heute, genau wie gestern, unsere Lust auf Vergeltung im Interesse des Allgemeinwohls«, so Ellison im Interview. Und an anderer Stelle:

> Ja, ich meine hier den impliziten Heroismus von Leuten, die ohne Anerkennung und ohne realen Status in einer Gesellschaft leben müssen und dennoch in die Ideale dieser Gesellschaft verstrickt sind. Die versuchen, in dieser Gesellschaft ihren eigenen Weg zu gehen und ihre eigene - rechtmäßige! - Position zu finden. Solche Leute lernen weit mehr über den wahren Charakter der Gesellschaft, mehr über das Wesen ihrer Normen und Werte als jene, die ihren Platz als gegeben voraussetzen können. Vielleicht können sie (die Schwarzen, MLK) das nicht in schönen Theorien ausbuchstabieren, aber sie handeln es aus. Und den Weißen, die ihr Verhalten, ihre Bräuche und Werte, in denen sich ihre gesell-

> schaftliche Realität spiegelt, geringschätzen und missachten, sagen die Schwarzen mit ihrem Handeln: »Aber ihr seid unehrlich. Ihr wisst, dass unsere Sicht der Dinge wahr ist. Wir leben die wahre amerikanische Realität, ja, wir handeln sie aus, doch ihr, die ihr all diese Aspekte der Realität, all die Widersprüche, hartnäckig außer Acht lasst, ihr belügt euch selbst.

Und kurz später:

> Jedenfalls gehört auch das (Sich-Selbst-Verstehen-Lernen, MLK) zur schwarzamerikanischen Erfahrung, und ich glaube, man begreift die Bedeutung dieser Erfahrung erst, wenn man die Idee dahinter sieht - das Ideal des Opfers. Weil Hannah Arendt die Bedeutung dieses Ideals für den Südstaatenschwarzen nicht begriffen hat, lag sie in ihrem Aufsatz (...) so ungeheuer daneben.

Hier ging es nicht um das Leid des Opfers, sondern um dessen »Ideal«, die »wahre amerikanische Realität« auszuleben und einzufordern. Zwischen diesem Ideal und der Figur des »bewussten Paria«, die Arendt in »Die verborgene Tradition« am Beispiel des jüdischen Rebellen Bernard Lazare entworfen hatte, gibt es erstaunliche Parallelen. Dort hieß es:

> politisch gesprochen war jeder Paria, der kein Rebell wurde, mitverantwortlich für seine eigene Unterdrückung und damit mitverantwortlich

> für die Schändung der Menschheit in ihm. Vor dieser Schande gibt es kein Entkommen, weder in die Kunst noch in die Natur. Denn sofern der Mensch nicht nur ein Geschöpf der Natur und nicht nur die Kreatur Gottes ist, wird er, wo er auch stehe, zur Verantwortung gezogen für das, was Menschen in der von Menschen geschaffenen Welt anrichten.

Arendts »bewusster Paria« verließ gewissermaßen sein Kellerloch und betrat wie Ellisons Sich-Opfernder die Bühne der Politik, weil in seinen Augen jeder Jude bzw. jeder Schwarze, der nicht zum Rebell wurde, mitverantwortlich war für die fortgesetzten gesellschaftlichen Lügen, für die eigene Unterdrückung und für die »Schändung der Menschheit« in ihm. Die Rebellion der Schwarzen sollte die Republik dazu zwingen, die inneren wie die äußeren über Jahrhunderte gewachsenen Fixierungen auf »schwarz« und »weiß« aufzuheben und endlich das Gleichheitsversprechen der Verfassung, das es auf dem Papier gab, Wirklichkeit werden zu lassen. Die Schwarzen hatten wie die Juden einen Doppelkampf zu führen – einerseits gegen die fortgesetzte Gewalt der modernen Sklavenhalter und andererseits gegen die Fortsetzung der Sklavenmentalität in den eigenen Köpfen.

9. DIALEKTIK DER AUFKLÄRUNG. Ellisons Positionen hatten Kant'sche Dimensionen: Um aus der Unsichtbarkeit – der Unmündigkeit, in der die Schwarzen zu lange gelebt hatten bzw. gehalten worden waren – herauszutreten, mussten sie, wie in Little Rock geschehen, die eigene Humanität wagen, und das, welch eine Quadratur des Kreises, in einer Gesellschaft, die sie tagtäglich auf brutale Weise aus der Humanität ausschloss. Ein Dilemma. Alle Menschen sind von ihrer Natur her dazu befähigt, ja, sie realisieren ihr Menschsein dadurch, dass sie sich von den Bedingungen, den Naturgegebenheiten, denen sie zunächst unterworfen sind, im Denken, Sprechen und Handeln befreien und sich in die Zukunft entwerfen, also eigene Pläne fassen. Davon waren Arendt und Ellison, jeder auf seine Weise, überzeugt. Wie aber, so fragte Arendt einmal, konnte es sein, dass Menschen gleichgültig waren gegenüber der Sklaverei und doch Menschen blieben, wie es schien? Ein Rätsel, das Toni Morrison Jahrzehnte später in einem Porträt des aus Schottland stammenden Plantagenbesitzers William Dunbar beschäftigt. Dunbar, geboren 1749, kam 1771 nach Philadelphia und reiste 1773 den Ohio und den Mississippi hinunter, wo er sich in Baton Rouge, Louisiana, das Gelände für seine Plantage absteckte. »Im Zeugnis seiner Briefe und Tagebücher betrachtet« muss William Dunbar, folgt man dem Historiker Bernard Bailyn, den Toni Morrison zitiert, eine Gestalt wie aus einem Roman von William Faulkner gewesen sein. Dunbar, ein »Produkt der schottischen Aufklärung und des Londoner Raffinements«, muss tatsächlich in jungen Jahren in Europa Theologie und Naturwissenschaften studiert haben, und es heißt, er habe unter anderem über das göttliche Gebot, »seinen Nächsten zu lieben«, korrespondiert. Ein Pionier. In Louisiana angekommen, begann er mit in der Karibik erworbenen Sklaven eine Plantage aufzubauen. Ob es dort bei seiner Ankunft noch Vertreter der Houma oder Natchez gab und ob er mit ihnen in Kontakt kam, ist unbekannt. Zwei Mal wechselte der Ort, an dem er sich angesiedelt hatte, seine politische Zugehörigkeit: 1783 geriet die bislang zur britischen Krone gehörende Region unter spanische Herrschaft, 1795 wurde sie Teil der neugegründeten Vereinigten Staaten. Dunbar stand offensichtlich mit allen Mächten gut. Er machte sein Geld mit Sklavenhandel und mit dem Anbau von Baumwolle, Tabak, Reis, Indigo, so berichtet es Bailyn. Sein wichtigstes Geschäft war die Herstellung von Fassdauben. Seine Geschäftsbeziehungen reichten bis nach Europa. Die zahlreichen technischen Neuerungen, die er entwickelte, stärkten ihm Ruhm und Reichtum: ein fortschrittsfreudiges Menschenwesen, dessen aus Europa importiertes Wissen in der Gründungszeit doppelt gefragt war. Seine meteorologischen Beobachtungen aus den Regionen West Florida und Red River gehören zu den frühesten wissenschaftlichen Zeugnissen. Und allein in West Florida katalogisierte er mehr als 30 verschiedene Baumarten und zahlreiche Früchte und Pflanzen.

Dunbar korrespondierte mit Jefferson, beteiligte sich maßgeblich an wissenschaftlichen Expeditionen und war Mitglied der American Philosophical Society. Gerne wüsste man mehr über seine dortigen Debatten, etwa ob er sich jemals über Menschenrechte und Eigentumsrechte in der Bill of Rights austauschte. Bailyn beschreibt

Dunbar aus seinen Tagebüchern heraus als »erstaunlich wenig einfühlsam«. Obwohl er in jene »rohe, fast noch wilde« Südstaatenwelt die Feinheiten der europäischen zivilisatorischen Errungenschaften importierte – darunter Bücher, Gerätschaften zur Landvermessung und die neuesten wissenschaftlichen Instrumente –, war der Umgang mit seinen Sklaven offensichtlich weniger fein. Zwei bei einem Aufstand geflohene Sklaven verurteilte er, so wird berichtet, nachdem seine Männer sie verfolgt und wiedergefunden hatten, zu »500 Peitschenhieben ein jeder, zu fünf Malen, und dass sie tragen sollen Kette und Balken, am Knöchel festgeschmiedet«. Er räsonierte, seiner Logik folgend: Was nützte all die Freundlichkeit, wenn einem solcher Undank zum Lohne wird.

Bailyns Beschreibungen liefern ein Kurzporträt gelebter *white supremacy*. Glaubt man seinen Schilderungen, dann waren Dunbars »feinere Empfindungen« durch die Härte des Südstaatenlebens abgestumpft. Autorität und Autonomie hatten aus ihm den neuen Menschen gemacht. Bis heute werden die Sklaven in seiner Biographie wenn überhaupt nur am Rande erwähnt, während er als Forscher und Entdecker gefeiert wird.

10. BEGEGNUNGEN. Man könnte meinen, dass Hannah Arendt und Ralph Ellison sich bis zum Zeitpunkt des Briefes nicht begegnet sind. Nicht zuletzt der fast förmliche Ton des Briefes legt diese Vermutung nahe. Doch tatsächlich findet sich im Nachlass von Ellison das Protokoll eines *dinner meetings*, bei dem Arendt und er am 1. April 1964 gemeinsam mit anderen Künstlern in die American Academy of Arts and Letters aufgenommen wurden.

Arendt muss dem Akademie-Vertreter im Vorfeld erzählt haben, dass sie seit der Schulzeit unter dem Fluch des Alphabets leide, immer als Erste aufgerufen zu werden, weshalb sie, um diesen »Fluch« zu durchbrechen, diesmal als Dritte aufgerufen wurde. Vor ihr Leonel Ebel und John Updike, unmittelbar nach ihr James Baldwin und Ralph Ellison, gefolgt von weiteren Künstlern. Leider hat sich, soweit bekannt, von diesem *dinner* keine Tonaufzeichnung erhalten; nur zu gerne würde man noch einmal den Sprachenmix hören, der sich damals am Tisch versammelt haben muss, darunter Hannah Arendts »heavy german accent«.

In ihrer Dankesrede stellte Hannah Arendt in Zweifel, dass sie »in diese auserlesene Gemeinschaft« überhaupt hineingehöre, denn sie sei keine Schriftstellerin von Beruf, sondern sei ihrem Schicksal, das sie zur Philosophin bestimmt habe, nur *by accident* entgangen – durch Flucht und Vertreibung, die »außergewöhnlichen Umstände dieses Jahrhunderts«, wie sie das nannte. Doch nichts sei daran falsch, wenn man in etwas ausgesetzt werde oder sich in etwas hineinbegebe, das einem nicht in die Wiege gelegt sei. »Jede Ehre, die uns zuteil wird, erhalten wir von der Welt, in der wir leben«, fuhr sie fort und betonte, wir alle seien schließlich Fremdlinge in dieser Welt und als solche darauf angewiesen, begrüßt und willkommen zu sein.

> Dies ist offensichtlich wahrer noch für Leute wie mich, die in dieses Land als Erwachsene aus fremden Ländern kamen. Lassen Sie mich also die Ehre der Mitgliedschaft als eine Einladung verstehen, mich zu Hause zu fühlen in der Welt, in der ich lebe. Und lassen Sie mich Ihnen dafür danken.

Arendts Rede war die Rede einer politischen Paria – einer Jüdin und immigrierten Europäerin, deren Denken daraus lebte, dass sie nicht in die inneren Loyalitäten und Abhängigkeiten ihrer Ankunftsgesellschaft verstrickt war. Wie Arendt sprach auch Ellison vom Willkommen-Sein, und auch er betonte, ihm sei das Schreiben nicht in die Wiege gelegt. Auch er verdanke es, so sagte er, einem Zufall, dass er, der Musiker, letztlich Schriftsteller geworden sei.

> Als Junge in Oklahoma las ich einige von Ihnen. Ich hörte die Musik einiger von Ihnen. Und habe wahrscheinlich die Kunstwerke einiger von Ihnen in Vogue oder Harpers Bazar oder so gesehen. Sie aber dürften von meiner Existenz nichts gewusst haben, denn jenseits der offensichtlicheren Gründe bleibt es ein Faktum, dass ich in einem

> der weniger erkundeten Teile des amerikanischen Lebens aufwuchs.

Man ahnt beim Hören oder richtiger beim Lesen dieser Worte, wie viel Kraft und Spalierlaufstolz es braucht, dass einer, wenn er die »falsche« Hautfarbe hat, in seinem eigenen Land zu schriftstellerischer Ehre findet und sagen kann: »Ich halte die amerikanische Sprache lebendig, ich belebe sie, indem ich sie in meinem Werk durch Musik und Idiome meiner Leute bereichere.«

So dankbar beide, Arendt wie Ellison, waren: Arendt war übers Meer gekommen aus einer Fremde, die in den USA willkommen war. Ellison jedoch, obwohl im Land geboren, kam von einem Teil »Amerikas«, der für viele, und wohl auch für viele der Akademie-Mitglieder, immer noch im Dunkeln lag.

II. RES PUBLICA. Die USA waren kein Nationalstaat. Hier musste niemand, so glaubten beide, Arendt wie Ellison, »amerikanisch« sein, sich assimilieren, um dazuzugehören. Ihre Vereinigten Staaten setzten auf ethnische Pluralität und föderale Vielfalt und verteilten die Macht auf viele Schultern. Doch noch Anfang der 1960er Jahre waren die Schwarzen von solcher Teilhabe weitgehend ausgeschlossen. Noch 1963 hatten nur vier Prozent der Schwarzen einen Collegeabschluss, und von 435 Abgeordneten im Repräsentantenhaus waren genau vier Abgeordnete Schwarze. Nicht nur in Mississippi wurden die Schwarzen durch finanzielle, juristische oder andere Hindernisse davon abgehalten, sich in Wählerlisten einzutragen – durch Wahlabgaben, durch komplizierte Alphabetisierungstests, durch aberwitzige »Wissens«-Fragen der Beamten. Außerdem durch gewaltsame Einschüchterungen und tagtägliche Belästigungen. Hinzu kamen die vielen Schikanen: Wahlbüros, die just dann Pause machten, wenn Schwarze sich in die Listen eintragen wollten; zweite Vornamen, die angeblich falsch buchstabiert waren, oder andere konstruierte Ungereimtheiten, die den Eintrag ins Wahlregister verhinderten.

Ein Land, in dem es keine politische Gleichheit gibt und sich das Wahlrecht (auch für Schwarze) wenn überhaupt der Gnade weißer Beamter verdankt – das waren nicht die Vereinigten Staaten, die Arendt sich vorstellte. Wie alle Emigranten und Flüchtlinge lebte sie nach ihrer Ankunft 1941 lange Jahre aus ihren aus der Herkunftskultur herübergeretteten »Koffern«. Die jüdisch-europäische Bildung und Erfahrung (das mitgebrachte »Denkbesteck« also) und die Hoffnungen der Moderne prägten ihr Urteilsvermögen ebenso wie der Zusammenbruch aller Kategorien und Denkmaßstäbe, der durch den Aufstieg der Nationalsozialisten offensichtlich geworden war. Allen voran die Idee der Menschenrechte, die in Staatsbürgerrechte zerfielen, bevor sie jedem Menschen entzogen werden konnten. Amerika, das Amerika, das sie sah und analysierte, schien ihr viele Jahre lang der Garant der Freiheit; und wenn sie sagte, sie sei politisch so *native*, so zugehörig, wie alle im Lande, überging sie – bewusst oder unbewusst? – die Tatsache, dass es in den USA jede Menge *natives* gab, die, obgleich ihre Familien seit Jahrhunderten in den USA lebten, das Schicksal ihres eigenen Landes noch immer nicht mitgestalten konnten, obwohl in Arendts Polis die Beteiligung aller »an den menschlichen Angelegenheiten rechtlich gesichert und auf Dauer gestellt« zu sein hatte. Oberste Instanz in ihrem »miesem Land«, die eigentliche Autorität einer jeden Republik sei das Gesetz, wurde sie nicht müde zu betonen, John Adams' Definition der Republik als einem *government of laws instead of men* zitierend. Rechte mussten, das war die Aufgabe der Politik, immer neu formuliert und in Gesetze gegossen werden, und deren Durchsetzung musste allen Bürgern der Republik im gleichen Maße garantiert sein. Doch die Verfassung war nicht durchgesetzt, und so kamen die Schwarzen auch Ende der 1950er Jahre noch immer nicht zu ihrem verfassungsmäßig verbrieften Recht. Weder bei den Wahlen noch in Straf- oder Zivilrechts-Angelegenheiten. Weiße Straftaten gegen Schwarze wurden vor weißen Richtern verhandelt und blieben viel zu oft ungeahndet. Von den ungerechten Urteilen der Justiz gegen Schwarze ganz zu schweigen. Die wenigen Ausnahmen, die es dennoch gab, bestätigten auch diese Regel.

Jede Republik, die ihren Namen zu Recht tragen will, gründet in Arendts Augen auf gesetzgebenden Organen, welche permanent ihre Grundlagen des politischen Miteinanders neu aushandeln und nachjustieren; zudem braucht jede Republik eine verlässliche und verbindliche, alle Bürger gleichermaßen involvierende Verabredung über die Ahndungsmechanismen bei Gesetzübertretungen. Und zum Dritten braucht es eine Exekutive, welche die Einhaltung der Gesetze sichert. Eine Republik aber, die allgemeine Rechte für alle proklamiert, welche aber tatsächlich nur partikular gelten, weil sie in der Wirklichkeit ganze Gruppen ausschließt, eine solche Republik korrodiert im Innern.

So sehr Arendts Denken partikulare und universelle Sichtweisen verwob und so sehr sie das Gespräch der Vielen und mit den Vielen suchte und pflegte, haben sich in ihrem Nachlass nur wenige Spuren eines Dialogs mit schwarzen Autorinnen oder Dichtern erhalten, darunter ein Brief an James Baldwin. Im November 1962 war im »New Yorker« sein Essay »Letter from a Region in my Mind« erschienen. Baldwin beschrieb darin auf seine ergreifende Art die Gewalterfahrungen seiner Jugendzeit, ferner seine Begegnungen mit verschiedenen Strömungen der schwarzen Bewegung, vor allem mit den Black Muslims. Dazwischen immer wieder Geschichten vom tagtäglichen Hass und von tagtäglicher Gewalt – verwoben mit der Geschichte des Landes: der Sklaverei und dem Siedlerkolonialismus. Der Essay war ein großes und großartiges Lehrstück, der eigenen Nation in die Annalen geschrieben. Eine kurze Passage darin verbindet in baldwinscher Geistesgegenwart *white supremacy* und den Holocaust: Für seine Begriffe, so las man, erledige sich mit dem Dritten Reich ein für alle Mal jede Frage christlicher Überlegenheit, außer in technologischer Hinsicht. Doch dann folgte eine verstörende Überlegung: War es womöglich möglich, so fragte er sich, dass die Weißen die Schwarzen eines Tages so umbrächten, wie die Nationalsozialisten die Juden umgebracht hatten? Nicht *catch-as-catch-can* gewissermaßen, sondern systematisch. Natürlich sei ihm versichert worden, schrieb er weiter, so etwas könne in den USA nicht geschehen, doch Baldwin hatte da seine Zweifel. Waren die Juden vor dem Holocaust nicht vielleicht genauso ahnungslos gewesen, wie sie, die Schwarzen, es jetzt waren?, fragte er: »Wenn ein Weißer einem Schwarzen gegenübersteht, vor allem wenn der Schwarze hilflos ist, offenbart sich Fürchterliches. Das weiß ich ...« Noch heute fährt einem beim Lesen dieser Passage der Schreck in die Glieder. Auch die Ereignisse von Little Rock wurden angesprochen:

> Wer jeden Tag gezwungen ist, sein Menschsein, seine Identität dem Feuer menschlicher Grausamkeit zu entreißen, das nur brennt, um ihn zu zerstören, lernt, wenn er seine Bemühungen überlebt, und auch, wenn er sie nicht überlebt, etwas über sich selbst und das Leben, das ihm keine Schule auf Erden - und auch keine Kirche - beibringen kann. Er erlangt seine Autorität und

> die ist unerschütterlich. Denn um sein Leben zu retten, ist er gezwungen, hinter die Kulissen zu blicken, nichts einfach so hinzunehmen, den Sinn hinter den Wörtern zu erlauschen.

Und dann:

> »Die hier so knapp und unzureichend skizzierte Haltung zum Leben entspricht der Erfahrung von Generationen von Schwarzen; sie hilft zu erklären, wie sie durchgehalten haben und wie sie Kinder großziehen konnten, die mitten durch Mobs zur Schule gehen. (...) Die schwarzen Jungen und Mädchen, die sich heute den Mobs gegenübersehen, stammen von einer langen Linie unglaublicher Aristokraten ab - der einzigen echten Aristokratie, die dieses Land je hervorgebracht hat ...

Hannah Arendt las den Essay und dankte daraufhin dem Redakteur des »New Yorker«, William Shawn, dem sie gerade die erste Folge ihres Eichmann-Reports geschickt hatte, für die Veröffentlichung dieses bravourösen Textes. Sie könne, seit sie ihn gelesen habe, fast an nichts anderes mehr denken, schrieb sie. Der »New Yorker« habe der Öffentlichkeit einen großen Dienst erwiesen und sie wolle ihm dazu gratulieren. Am selben Tag schrieb sie an Baldwin:

> Lieber Mr. Baldwin, Ihr Artikel ist ein politisches Event höchster Ordnung, in jedem Fall

> ist er ein Event für mein Verständnis, um was es bei der Schwarzenfrage geht. Und da dies eine Frage ist, die uns alle angeht, fühle ich mich berechtigt, Einwände zu erheben.

Und weiter:

> Was mich an Ihrem Essay erschrecken ließ, war das Hohe Lied der Liebe am Ende Ihres Textes. Die Liebe ist in der Politik ein Fremdling und wo sie sich hineindrängt, kommt nichts als Heuchelei dabei heraus. Schönheit, Menschlichkeit und die Fähigkeit zur Freude, die Sie bei den Schwarzen so herausheben, sind als Wesenszüge unterdrückter Völker weithin bekannt. Sie entstammen dem gemeinsamen Leid und sind die stolzesten Besitztümer aller Parias. Unglücklicherweise haben sie die Stunde der Befreiung nicht einmal 5 Minuten überlebt. Hass und Liebe gehören zusammen, und sie sind beide zerstörerisch; man kann sie sich nur im Privaten leisten - und als Volk nur, solange man nicht frei ist.
> In aufrichtiger Hochachtung ...

Ein patronisierender Gestus. Doch um was ging es hier? Baldwin hatte am Ende seines Essays geschrieben, die »freudlose verwirrte, gedankenlos grausame« Welt der Weißen gefährde alle Schönheit und Liebe und alles Vertrauen und jegliche Freude der Schwarzen. Vor diesem Hintergrund hatte er eine Art politisches Programm entworfen, dem zufolge »bewusste Weiße« und »einigermaßen bewusste Schwarze« gemeinsam »wie Liebende« das Bewusstsein des je anderen wecken und einfordern mussten.

Auf diese »Liebe« der Liebenden dürfte sich Arendts Kritik bezogen haben. Denn wo es darum ging, den Lauf der Weltgeschichte zu ändern (Baldwin), waren in ihren Augen keine privaten, sondern öffentliche Qualitäten gefragt, um das Miteinander der Vielen als vielen Verschiedenen verfassungsmäßig zu fundieren: Pluralität eben.

Was hier in Arendts Brief »die Stunde der Befreiung« hieß, nach welcher der Kampf um die Freiheit ja erst beginnt, heißt bei Ellison »der Moment«, wenn endlich »alle Schranken gefallen« sind. Er erhoffte sich eine Republikanisierung, in der alle Bürger unabhängig von ihrer Rassenzugehörigkeit »den menschlichen Kern und die Universalität der je eigenen Erfahrungen« würden erkennen können. »Wenn ich mir das, was ich anders bin, erhalten will, muss ich auch allen anderen ihr Anderssein erhalten, egal, ob sie mich wahrnehmen oder ob ich für sie unsichtbar bin.« Wenn es nach ihm ging, sollten auch die jüdischen Amerikaner sich ihre (jüdische) Kultur unbedingt erhalten und weitertragen, denn von der Nichtanpassung aller erhoffte er sich ein politisch freieres und kulturell diverses Amerika. Statt *melting pot* ein *meeting point*. Alle Ethnien des Landes sollten der politischen Kultur ihren spezifischen Humor, ihre Traditionen und Phantasmen, ihre Bilder, ihren Dissens und ihren Ideenreichtum beifügen können – darunter auch die Erinnerung an die Brutalität der Sklaverei, an die Arbeit auf den Feldern, an die Feierabende, an die Hoffnungen auf Emanzipation und Befreiung. Die Pluralität der Republik sei zwar mitunter schmerzhaft, häufig eine Last und immer Quell von Konflikten, aber darin lag in seinen Augen »unser aller Schicksal« und »unser aller Hoffnung« begründet.

12. LEBENSLÄNGLICH. »Typisch amerikanisch«, kommentierte Hannah Arendt 1960 in einem Brief an Gertrud Jaspers die Tatsache, dass eine private Stiftung, zumal eine Stiftung für Völkerverständigung, ihr ausgerechnet für ihren »Little Rock«-Text, für ihre »ketzerischen Ansichten über die Negerfrage und *equality*«, einen Preis verlieh – »weil er so unpopulär gewesen sei, vermutlich!« Doch dann folgt eine kleine Anekdote, die es in sich hat:

> Es erinnert mich an eine Geschichte aus dem Krieg; die höheren Schulen in New York hatten allen Schülern der obersten Klasse die Aufgabe gestellt, sich auszudenken, wie Hitler bestraft werden solle. Darauf schrieb ein Negermädchen: man solle ihm eine schwarze Haut anziehen und ihn zwingen, in den Vereinigten Staaten zu leben. Das Mädchen bekam den ersten Preis und ein Stipendium für 4 Jahre College.

Dass Hannah Arendt im Zusammenhang mit ihrem Little-Rock-Text plötzlich diese Geschichte einfällt, deutet darauf hin, dass manche »Kinder«, hier eine 16- oder 17-Jährige, vielleicht doch »vollständigere« Wesen waren als so manche Erwachsene. Außerdem war die Lage der Schwarzen offensichtlich verzweifelter, als sie, Arendt, dies in ihrem Text artikuliert hatte. Die größte Strafe, die dieses Mädchen sich für den Völkermörder Hitler vorstellen konnte, bestand nicht darin, ihn zu lynchen, zu guillotinieren oder auf den elektrischen Stuhl zu bringen. Nein. Was ist schließlich die Todesstrafe gegen das lebenslängliche Leben als Schwarze, das sie offenkundig in ihrem kurzen Leben schon zur Genüge gekostet hatte. Ihr Urteil stand fest: Man musste diesen Massenmörder jenen (rassistischen) Dämonen aussetzen, die er selbst herbeigerufen.

13. EINE WAHL HABEN. Der Sommer des Jahres 1965, der Sommer des Briefes, war vielleicht der letzte Moment, an dem alles noch anders hätte kommen können. Anders hätte kommen müssen. An dem alles noch in Bewegung schien zwischen den verschiedenen gesellschaftlichen Gruppierungen in den USA. Längst gaben neben Gospels und Songs von Nina Simone, Louis Armstrong, Gloria Lynne, Aretha Franklin oder Billie Holiday auch die öffentlichen Reden von Martin Luther King, Malcolm X und vielen anderen den allzu lange stimmlos Gebliebenen eine Sprache. Ein *sense of reality* stellte sich ein, und mit diesem Wirklichkeitssinn kam mehr und mehr auch die Möglichkeit in den Blick, dass man diese Wirklichkeit tatsächlich würde ändern können. Diese Wirklichkeit der Segregation, diese Wirklichkeit des Ausschlusses. Trotz der Bewegung der *Freedom Riders*, die durch zivilen Ungehorsam eine Aufhebung der Rassentrennung im öffentlichen Transport hatten erzwingen wollen, gab es nach wie vor im Süden *For whites only*-Sitzplätze, auch in den Überlandbussen. Unvorstellbarerweise war es in der Stadt Greenwood in South Carolina Restaurantbesitzern sogar verboten, für Schwarze und Weiße dieselben Teller und Tassen zu benutzen. 1962 entsandte Präsident John F. Kennedy (»Diese Nation wird erst frei sein, wenn alle ihre Bürger frei sind!«) Truppen an die Universität von Mississippi, die sicherstellten, dass James Meredith sich dort als erster Schwarzer immatrikulieren konnte. Im Juni 1963 brachte Kennedy den Civil Rights Act in den Senat ein, der jede Diskriminierung aufgrund von Rasse, Hautfarbe, Religion, Geschlecht oder nationaler Herkunft verbot. Und obwohl die Südstaaten alles taten, diesen *Act*

zu verhindern und obwohl John F. Kennedy im November ermordet wurde, passierte das Gesetz Senat und Abgeordnetenhaus und wurde 1964 von Kennedys Nachfolger Lyndon B. Johnson unterzeichnet. Plötzlich schien eine andere Welt möglich – der Nobelpreis für Martin Luther King, die Gründung der Organisation Afrikanischer Einheit (OAU) und die Siege der Befreiungsbewegungen nicht nur in Afrika stärkten diese Hoffnungen.

Endlich besaßen die Schwarzen die Bürgerrechte, die ihnen seit über 100 Jahren garantiert waren. Doch nach wie vor hatten in diesem »Land der Demokratie« ein Teil der Bürger (Schwarze, Indigene) keinen uneingeschränkten Zugang zu Wahllisten und Wahlurnen. Im Bundesstaat Mississippi hatten 1963 nur sieben Prozent aller schwarzen Wahlberechtigten ihre Stimme abgegeben. Und wenn es nach der Mehrheit der dortigen Weißen ging, sollte das so bleiben. Im Sommer 1964 reisten deshalb im Rahmen der Aktion *Freedom Summer* Leute aus dem Norden als Freiwillige nach Mississippi, um dort eine breite Wahlregistrierung zu organisieren. Der Film »Mississippi Burning« erzählt über 20 Jahre später von der Gewalt, mit der diesen Aktionen entgegengetreten wurde: davon, wie die Kirchen, in denen sich die Bürgerrechtler trafen, niederbrannten, und davon, wie Unterstützer bei Nacht und Nebel vom Ku Klux Klan gelyncht wurden. 44 Tage stocherten damals FBI und Matrosen in den Sümpfen nach den verschwundenen Unterstützern James Chaney, Michael Schwerner und Andrew Goodman. Für die schwarzen Lynchjustizopfer, die bei dieser Suche »zufällig« entdeckt wurden, interessierte sich kaum jemand, so die Klage.

Nachdem im Februar 1965 der 26-jährige Bürgerrechtler Jimmie Lee Jackson in Marion im Bundesstaat Alabama bei einer Wahlrechtsdemonstration von Polizisten erschossen wurde, organsierte die Bürgerrechtsbewegung als Antwort im benachbarten Ort Selma am 7. März desselben Jahres eine konzertierte Aktion: Noch einmal nahmen die Schwarzen bei gewaltfreien Sit-ins und Protestmärschen (*March to Montgomery*) ihren ganzen Mut zusammen, warfen sich noch einmal in die Bresche, um sich in die Geschicke ihres Landes einzuschreiben – in diese Welt, die vor uns da war und nach uns da sein würde. 600 Bürgerrechtler des Ortes stellten sich dem Terror und hielten ihre eigene Angst in Schach. Joan Baez sang »We shall overcome« und: »We are not afraid«. Mut und Wut. Und bei Arendt hatte es bereits 1950 geheißen: »Alle, die aus der Geschichte der Menschheit allzu lange ausgeschlossen waren und sind und so ihrer Menschlichkeit, ihres Menschseins beraubt waren, benötigen die Solidarität aller Menschen, die ihnen einen rechtmäßigen Platz in ›mans enduring chronicle‹ garantieren.« In der Geschichte der Menschheit also.

Zwischen dem 7. März 1965, dem *Bloody Sunday*, an dem die Nationalgarde des Staates Alabama den friedlichen Protestmarsch mit roher Gewalt stoppte, und dem 6. August 1965, dem Tag der Unterzeichnung des Wahlrechtsgesetzes durch Präsident Lyndon B. Johnson, bewegte die Debatte um das (de facto nicht vorhandene) Wahlrecht der Südstaaten-Schwarzen die gesamte Republik: die Bänke des Abgeordnetenhauses und des Senats, die Schlagzeilen der »New York Times«, die privaten Abendgesellschaften und die Weltöffentlichkeit. Auch in diesen Kämpfen standen jüngst aus Europa geflohene Juden in vorderster Front. 1963, beim Protestmarsch aus Birmingham nach Washington, hatte Rabbi Joachim Prinz, Präsident der AJC, der 1937 im Alter von 35 Jahren in die Vereinigten Staaten gelangt war, mit perfektem amerikanischem Pathos (*As Americans*) verkündet, die Scham und Schande der Ungleichheit und Ungerechtigkeit sei ein Hohn auf »die große amerikanische Idee« der Gleichheit. Er betonte, er habe in Berlin unter den Nationalsozialisten gelernt, dass nicht der Fanatismus und nicht der Hass entscheidend seien; das Erniedrigendste, das Schändlichste und Tragischste sei vielmehr das Schweigen.

Nun, in Selma, lief Rabbi Abraham Joshua Heschel vom New Yorker Jewish Theological Seminary neben Martin Luther King in der ersten Reihe. Schutzschild weißer Prominenz. Heschel war in Warschau geboren und lange vor 1933 in Berlin an der Hochschule für die Wissenschaft des Judentums ausgebildet worden. Ihm selbst gelang die Flucht aus Deutschland, doch ein Großteil seiner Familie wurde von den Nationalsozialisten ermordet. Von ihm stammt der Satz, der Zug Israels durch das Rote Meer sei ein Spaziergang gewesen, verglichen mit dem Gang eines Schwarzen über einen Universitätscampus. – Juden, davon erzählt auch die in New York geborene Historikerin und Tochter jüdischer Einwanderer Atina Grossman, hatten damals eine wichtige Rolle nicht zuletzt als Professoren in den schwarzen Colleges inne, wo sie bereits willkommen waren, als die angeseheneren Universitäten der Ivy League ihnen noch verschlossen waren.

Überall im Land, auch in den Songs der Jugend, verband sich damals die Bürgerrechtsbewegung zunehmend mit der Antikriegsbewegung. Am 21. Juli 1965, also acht Tage, bevor Hannah Arendt den Brief an Ellison diktierte, erschien in New York ein Song, der, kaum aufgenommen, die Piratensender der westlichen Welt eroberte: »Eve of destruction«. Ein Hit. »The whole world it is exploding«, sang Barry McGuire, und: »Think of all the hate there is in Red China! / Then take a look around to Selma, Alabama!«

Selma und China – ein Protestsong nicht zuletzt gegen die zunehmende Zerrüttung der repräsentativen Demokratie. »You're old enough to kill but not for votin'«. Die Diagnose: Demos und Sit-ins halfen nichts, wo sich die Achtung des Menschen vor dem Menschen zersetzte, und so zeigten beide, Bürgerrechtsbewegung wie Antikriegsbewegung, sich und der Politik, dass alle fortan mit ihnen, den Unrepräsentierten, rechnen mussten und auch mit ihnen rechnen konnten. Res publica eben. Als Ergebnis der Aktionen und des Wahlrechtsgesetzes stieg der Anteil der schwarzen Wähler im Bundesstaat Mississippi von 7 Prozent im Jahr 1963 auf 59 Prozent 1968. Doch das durfte nur der Anfang neuer Möglichkeiten sein.

14. MÖGLICHKEITEN. »Wir sind nicht anders. Wir sind Möglichkeiten«, so formulierte Toni Morrison einmal trotzig-stolz, was nicht möglich war, aber dringend möglich gemacht werden musste. Doch in ihrem Roman »Menschenkind« beschrieb die Protagonistin eine schwarze Wirklichkeit ohne Möglichkeiten:

> »Jeder, der weiß war, (konnte) dir dein ganzes Selbst rauben (...), wie es ihm gerade in den Sinn kam. Nicht nur dich schinden, töten, zum Krüppel machen, sondern dich beschmutzen. Und zwar so (...) sehr, dass du vergaßest, wer du warst und das Leben nicht mehr auf die Reihe bekamst.«

Toni Morrison wuchs heran in einer Umgebung, in der man stolz war auf sein Schwarz-Sein und in der man die Weißen ob ihrer Amoralität verachtete. Wie konnte man sich immunisieren? Uneins waren sich ihre Eltern offensichtlich »nur« über die Frage, ob das »moralische Gewebe« der Weißen sich überhaupt je würde verbessern lassen. Brandstiftungen zur Vertreibung der Schwarzen aus Häusern und Straßenzügen waren keine Seltenheit. Einmal, als Morrisons Eltern mit ihrer 4-Dollar-Monatsmiete im Rückstand waren, setzte der Vermieter ihre Wohnung in Brand, erinnert sich die Schriftstellerin. Ihr Kommentar über den Vermieter: eine dieser vielen hysterischen Erscheinungen des Bösen, die einen wegen vier Dollar glatt »verbrutzeln« ließen. »Also lachte man sie weg, diese Absurdität und diese ganze monumentale Roheit darin. Im Lachen fand man zu sich zurück.«

Lachen, auch das Miteinander-Lachen, kann die Menschen entstricken. Und unter solchen Gewaltverhältnissen ist Entstricken schon viel. Schließlich konnte man die Brutalität, mit der Schwarze behandelt wurden, kaum übertreiben, meinte Baldwin, der in fast jedem Interview darauf verwies, wie viele Schwarze in den USA an alltäglicher Gewalt starben, weshalb es viele Jugendliche in die (separatistische) Black-Power-Bewegung trieb, die sich nicht auf friedlichen Widerstand beschränkte.

> In diesem Land ein Schwarzer zu sein und relativ bewusst zu leben, bedeutet, fast, ja, fast die ganze Zeit in einem Zustand der Wut zu leben. (...) Und Teil dieser Wut ist: Es geht nicht nur darum, was dir persönlich geschieht, sondern um alles, was um dich herum geschieht, und zwar die ganze Zeit und unter den Augen der außerordentlichsten und verbrecherischsten Gleichgültigkeit und Ignoranz der meisten Weißen in diesem Land.

Wut und Hass. Als Baldwin 22 Jahre alt war, so berichtete er einmal in einem Interview, sprang sein bester Freund, zwei Jahre älter als er, von der George Washington Bridge – »und ich wusste: ich würde der nächste sein«. Aus Verzweiflung. Diese Armut. Dieses Leben in Dysfunktionen mitsamt all der großen Mißachtung und all der Mikroaggressionen (Claudia Rankine), der vielen kleinen und großen tagtäglichen Fiesheiten. Vor allem aber gab es tagtäglich und überall diese anlasslose Gewalt der Staatsgewalt – wieder und wieder. »Deine Welt verengt sich zu einem roten Kreis der Wut. Und du hasst jeden, das heißt, der Hass macht auch vor dir selbst nicht halt, du beginnst, dich selbst zu hassen. Und wenn das geschieht, ist es um dich geschehen.« Baldwin war der Meinung, man könne es den Jugendlichen nicht verdenken, wenn sie in die Black Power gingen. Doch er gab ihnen einen Rat, der so voller Widersprüche war wie ihr Leben: »Wenn du auf einen Weißen losgehst, versuche, ihn nicht zu hassen, nur um deiner Seele willen, aus keinem anderen Grund (...). Lass uns versuchen, besser zu sein, als sie es sind.« Und dann fuhr er fort: »Du musst sie nicht hassen, aber wir müssen frei sein.« Baldwins Texte sind Musik. Wie die Zeile eines Gospels schreiben sich hier die Worte durch ihren Rhythmus beim Hören und Lesen unmittelbar dem Gedächtnis ein: *You have'nt got to hate them, though we do have to be free.*

Die Idee der Freiheit musste wachgehalten bleiben. Sie geriet nur zu leicht in Vergessenheit, wo die Wut wuchs und wo die (weißen) Politiker mit Worten der Versöhnung den Schwarzen zwar endlich die lange geforderten Bürgerrechte zugestanden, jedoch keine Schritte unternahmen, die eigenen Reihen den Schwarzen tatsächlich zu öffnen. Wo niemand den Übergriffen der Polizei gegen Schwarze mit juristischen Mitteln Einhalt gebot. Wo Weiße noch immer vor Gericht gemütlich lümmeln konnten, sofern sie überhaupt wegen einer Gewalttat gegen Schwarze angeklagt wurden. Wo Schwarze nicht einmal Mieterrechte einfordern konnten.

Die schwarze Jugend revoltierte. Zwar hatte Präsident Eisenhower bereits in der Inaugurationsrede bei seiner Wiederwahl 1957 gebetet, Gott möge ihm beistehen, alle Bürger unabhängig von Rasse und Herkunft und Stand zu repräsentieren, zwar hatte Präsident Johnson verkündet, die Sache der amerikanischen Schwarzen müsse auch »unsere Sache« sein, und auch John F. Kennedy und Lyndon B. Johnson empfingen während ihrer Amtszeiten zahlreiche Vertreter der Schwarzen, doch ließen sie gleichzeitig zu, dass der FBI sie überwachte und aus den geheimdienstlich gewonnenen Erkenntnissen gezielt Informationen etwa über das Liebesleben von Martin Luther King in die Öffentlichkeit streute, um den gewaltfreien Widerstand zu diskreditieren.

Auch Präsident Johnson hatte 1965 in einer Rede an der schwarzen Howard-Universität von der Notwendigkeit einer *positive action* gesprochen und davon, dass es an der Zeit sei, das jahrhundertealte Erbe der Sklaverei zu überwinden und die »tiefen Wunden alter Gewalt, vergangener Ungerechtigkeit und gegenwärtiger Vorurteile« zu heilen. Doch zur Nennung von Ross und Reiter kam es nicht: Niemand bat von höchster Stelle aus die Schwarzen und die Indigenen um Verzeihung für Versklavung und Vertreibung, niemand initiierte so etwas wie eine Aufarbeitungskommission, niemand erfand einen institutionalisierten runden Tisch, der den so dringend notwendigen Wandel in der Gesellschaft kritisch und mit konkreten Schritten hätte begleiten können, und niemand gründete eine Task Force, die, und das wäre zentral gewesen, den Schwarzen eine Durchsetzung ihrer Rechte garantiert hätte, wie Arendt das forderte. Wie hatte Ellison im Interview gesagt: Die Amerikaner hielten wenig von Geschichte und lebten irgendwie in der Vorstellung, dass man sich, wenn man intensiv genug wegschaute, den Konsequenzen nicht würde stellen müssen. Wer sich die diversen Dokumente der damaligen Zeit anschaut, ahnt die Ferne zwischen den Kulturen und auch die Bemühungen vieler Weißer, sich diese Ferne zu erhalten. Auch Arendt war in dieser Hinsicht eine »Weiße«, die sich schwarzen Wirklichkeiten und Möglichkeiten nicht zuwandte.

Gegen die wachsende Armut, Arbeits- und Hoffnungslosigkeit begannen 1964 mit den Unruhen in Harlem die schwarzen Aufstände im Norden, die sich fast immer – *black lives matter* – an den Übergriffen der Polizei entzündeten. Die Proteste gegen Armut, strukturelle Gewalt und Arbeitslosigkeit waren nicht selten von Krawallen, Plünderungen und Brandstiftungen, von weiteren Toten und Verletzten begleitet und brachten die Verzweiflung darüber ans Licht, wie rechtlos und elend im Grunde das Leben der Schwarzen trotz jahrzehntelanger Kämpfe auch im Norden war. Die Kämpfe der Befreiungsbewegungen aus der »Dritten Welt« wurden in die Straßen von Watts oder Brooklyn hineingetragen.

»Riots is the language of the unheard«, bemerkte Martin Luther King 1966. Das hatte er nicht gewollt, weder das fortgesetzte Elend noch die fortgesetzte Verzweiflung. Als er im April 1968 in Chicago ermordet wurde, brannte es als »Antwort« in 170 Städten.

Die Polizei setzte auf Aufstandsbekämpfung statt auf Verbrechensbekämpfung und Rechtsgarantien, und die politischen Repräsentanten erkannten nicht an, was die Schwarzen und eben auch Ellison proklamierte: Sie erkannten nicht, dass die Republik eben kein (weißes)

»Besitztum« war und das Land der Möglichkeiten erst noch werden musste – und auch nur werden würde, wenn die Weißen das Besitztum teilten.

15. ERFAHRUNG. William Edward Burghardt Du Bois, der große Historiker, der, 1868 in Massachusetts geboren, als erster Schwarzer in Harvard promovierte, hatte früh – ähnlich wie Rahel Varnhagen – bei den Schwarzen ein »doppeltes Bewusstsein« diagnostiziert, nämlich das Gefühl, »sich selbst immer nur durch die Augen anderer wahrzunehmen, der eigenen Seele den Maßstab einer Welt anzulegen, die nur Spott oder Mitleid für einen übrig hat«. Ralph Ellisons unsichtbarer Kellermensch war die literarische Gestalt zu diesem doppelten Bewusstsein.

W. E. B. Du Bois war eine beeindruckende Erscheinung. Voller Tatendrang, immer unterwegs für die schwarze Sache und dabei ein großer Historiker, der unter anderen mit Max Weber im Austausch stand. Bereits bei seinem ersten Studienaufenthalt in Deutschland, 1892–1894, erfuhr Du Bois, was viele Schwarzamerikaner vor und nach ihm erfuhren: dass er in Europa weit weniger schwarz und weit mehr Amerikaner war als zu Hause.

> Ich befand mich außerhalb der amerikanischen Welt und schaute hinein. Niemand von den Weißen um mich herum – Studenten, Bekannte, Lehrer – machte ununterbrochen eine Pause, um mich zu betrachten, als sei ich ein Kuriosum oder eine Art Untermensch. Ich war einfach ein etwas privilegierterer Student, mit dem sie gerne (...) über Gott und die Welt sprachen, besonders über jenen Teil der Welt, aus dem ich kam.

Wer nach Europa reiste, entkam für kurze Zeit dem Fluch, vor dem es zu Hause kein Entkommen gab. Du Bois hatte klare politische Visionen. Er wandte sich gegen eine Politik der schwarzen Separierung – sei es in einem eigenen Staat, sei es durch eine Rückkehr nach Afrika – und gegen eine Politik der Assimilation, sprich: der Einpassung in die gesellschaftlich dominanten Standards und Idealbilder der USA. Im Zentrum der Niagara-Bewegung, die er 1905 mitbegründete, stand die Forderung nach dem Ende aller rechtlicher Diskriminierung und der Gewährung der bürgerlichen Rechte und Freiheiten. Sein Schlachtruf: »Wahlrecht für alle, und zwar sofort!« Sein Ziel: das Bild ebenso wie das Selbstbild der Schwarzen nicht nur in Amerika, sondern überall auf der Welt nachdrücklich umzuprägen. Aus Anlass der Pariser Weltausstellung von 1900, die es sich auf die Fahnen geschrieben hatte, eine Bilanz des 19. Jahrhunderts zu ziehen, initiierte Du Bois mit Kollegen von anderen schwarzen Universitäten eine Ausstellung zum Leben der »farbigen Amerikaner«. Auf gut 500 Fotographien sah man Bilder aus ihrem Leben, Männer mit Fliege und Smoking, Frauen in Sonntagskleidern, Arbeiter und Handwerker, Menschen auf Baumwollfeldern, aber auch viktorianisch anmutende Familienszenen mit Flügel und Dogge. 30 Jahre nach der offiziellen Abschaffung der Sklaverei erhielt man zudem auf 60 handkolorierten Schautafeln fundierte statistische Informationen zur sozialen Verbesserung der Schwarzen – mit einer gesonderter Untersuchung zur Lage im »schwärzesten« Bundesstaat Georgia. Eine Sensation.

Du Bois, der jedem Rassismus den Kampf angesagt hatte, musste miterleben, wie sein Sohn an Diphtherie starb, weil der schwarze Arzt, den er aufsuchte, ihn nicht behandeln konnte und weiße Ärzte keine schwarzen Patienten nahmen. 1949, im Alter von 80 Jahren, reiste er erstmals nach dem Zweiten Weltkrieg wieder nach Europa, redete auf den (kommunistisch geprägten) Friedenskongressen in Paris und Moskau und besuchte im zerstörten Warschau das damals gerade errichtete Ghetto-Ehrenmal. Wohl weil die (kommunistische) Zeitschrift »Jewish Life« davon gehört hatte, wie stark ihn diese unmittelbare Konfrontation mit den Spuren der Judenvernichtung beeindruckt hatte, beauftragte sie ihn einige Jahre später, zum Jahrestag des Aufstands einen Vortrag zu halten, der Schwarze, Juden und die (weiße?) Arbeiterklasse gleichermaßen ansprechen sollte. Und so berichtete er in seinem Aufsatz »The Negro and the Warsaw Ghetto«, wie er erst bei diesem Besuch in Warschau erfahren habe, dass Rassismus keineswegs »nur« eine Frage der Hautfarbe (*color line*) war.

Die Idee, das eigene Urteilen an fremden Erfahrungen wachsen zu lassen, grundiert Ellisons Auffassung von Literatur ebenso wie Arendts politische Theorie des Urteilens. Um urteilen zu können, so schreibt sie, müsse man ein und dieselbe Sache von verschiedenen Standpunkten aus betrachten; die Gewohnheit und Befangenheit des eigenen Meinens hinterfragen und hinter sich lassen; Standpunkte und Einsichten anderer im eigenen Handeln, Sprechen, Denken miteinbeziehen, um sich, wie es bei Kant geheißen hatte, mittels der Einbildungskraft und der »erweiterten Denkungsart« über »subjektive Privatbedingungen« des eigenen Meinens immer neu und weiter hinwegzusetzen. Dank der Einbildungskraft verfügen wir, so Kant, über die Fähigkeit, in Distanz zu unserem Dasein zu treten; in der erweiterten Denkungsart lehren wir, bildlich gesprochen, unsere Einbildungskraft, Besuche zu machen.

Solches Überbrücken der Abgründe zu den vielen Anderen und Verschiedenen ist bei Arendt Teil des Verstehensdialogs, wo er gelingt. In diesem Sinne konzipierte Arendt 1965 auch einen Uni-Kurs mit dem Titel »Politische Erfahrung im 20. Jahrhundert«, der explizit dazu aufforderte, die Theorie auszusetzen, um der Erfahrung das Wort zu erteilen: »(...) vergessen Sie alle Theorien. Wir wollen mit der direkten Erfahrung konfrontiert werden, um diese Periode der Geschichte stellvertretend aufzunehmen.«

Arendt wollte Geschichte nicht »herleiten«, sondern war »an der Art und Weise interessiert, wie diese Ereignisse Menschen berührt« hatten, sprich: das Leben der Menschen mitgeprägt hatten. Die Studenten sollten sich hier und heute – lesend – frühere Zeiten und andere Welten und Weltsichten erreisen. Entsprechend bestand die Lektüreliste des Seminars, das Europa vom Ersten Weltkrieg bis in die Zeit nach dem Zweiten Weltkrieg bereiste, nicht aus theoretischen und historischen Abhandlungen, sondern aus Romanen, Gedichten, Prosa und Essays. Ernst Jünger, Hanna Hafkesbrink und William Faulkner waren ebenso vorgesehen wie Brecht, Yeats, Sartre und D. H. Lawrence und natürlich Malraux, Camus, Orwell, Solschenizyn und René Char.

Die USA der 1950er Jahre waren als Erfahrungsraum in diesem Seminar nicht vorgesehen, und so werden wir nicht erfahren, ob Hannah Arendt für diesen Zeitraum Kenneth Warrens »Who Speaks for the Negro« in ihre Lektüreliste aufgenommen hätte. Bei Warren kamen die Schwarzen zu Wort, allerdings (wieder) nur in dem von einem weißen Südstaatler vorgegebenen Rahmen. Offensichtlich hatte Arendt sich bei Baldwin und in dem Band »Who Speaks for the Negro« schwarze Erfahrungen erfahren und dabei wohl verstanden, wie arm an Erfahrung sie in der Schwarzenfrage war. Der Spuk der Sklaverei steckte der Republik immer noch in allen Gliedern, eine Befangenheit, die nicht vergangen war und die allen ein Stück Sprachfertigkeit raubte – und so auch ein Stück Welt. Auch das war eine Erfahrung.

16. IDENTITÄT. »Was es nicht gibt«, schreibt Hannah Arendt 1965, im Jahr des Ellison-Briefes, »ist, dass man Schuld auf sich lädt für Taten, die man nicht begangen hat.« In der Nachkriegszeit, so erläuterte sie diesen Satz, habe man in Deutschland immer wieder ein »Wir alle sind schuldig« vernommen und dieses »Wir alle sind schuldig«, das beim ersten Hören »ungemein vornehm und bestechend« geklungen habe, habe die Gesellschaft in Wirklichkeit völlig gelähmt, denn dieses Pauschalurteil habe in erster Linie dafür gesorgt, die tatsächlich Schuldigen von ihrer Schuld zu entlasten – also all jene, die im Nationalsozialismus Terror verbreitet, die verfolgt und gemordet hatten. Wo alle schuldig sind, sei es keiner wirklich, so ihr Urteil. Jedes »Wir sind alle schuldig« münde, so Arendt weiter, in eine »heuchlerische Rührseligkeit«, die alle wirkliche Schuld unter sich begrub: eine »Solidaritätserklärung« mit den wirklichen Übeltätern, die folglich nicht vor Gericht gestellt wurden. Eine ähnliche Bemäntelung sah sie auch bei weißen Schuldbekenntnissen in den USA am Werk, wie sie in dem Vortrag »Kollektive Verantwortung« notiert. Ein komplexer schillernder Text:

> So haben die guten weißen Liberalen Amerikas nahezu einmütig auf die berechtigten Beschwerden der schwarzen Bevölkerung mit dem Ruf »Wir sind alle schuldig« reagiert, und die Black-Power-Bewegung hat dieses »Bekenntnis« benutzt, um eine irrationale »schwarze Wut« auf den weißen Mann überhaupt zu entfachen.

Was ist hier gemeint? Steht da wirklich, verkürzt gesagt, dass die Weißen die *riots* provozieren, indem sie sich kollektivschuldig bekennen? Und bedeutet die Stelle, dass in Arendts Augen die Gewaltbereitschaft der Black Power dafür sorgt, dass die berechtigten Beschwerden der Schwarzen nicht erhört werden, weil Wut ihrer Meinung nach ein schlechter Ratgeber in der Politik ist? Doch zurück zum Text:

> Nun, wo alle schuldig sind, ist es keiner; gegen die Entdeckung der wirklich Schuldigen oder Verantwortlichen, die Mißstände abstellen könnten, aber es nicht tun, gibt es keinen besseren Schutz als kollektive Schuldbekenntnisse.

Es geht um Bekenntnisse, nicht um Schuldzuschreibungen. Die Weißen entlasten sich von der Forderung der Schwarzen, die Missstände endlich zu beseitigen, indem sie sich in kollektive Schuldbekenntnisse flüchten. Und wieder weiter im Text:

> In diesem besonderen Falle handelt es sich außerdem noch um eine gefährliche und vernebelnde Eskalation des Rassismus in höhere, weniger greifbare Regionen: Die furchtbare Kluft zwischen Schwarz und Weiß wird nicht dadurch überbrückt, daß man sie im Sinne eines prinzipiell unlösbaren Konfliktes zwischen kollektiver Unschuld und kollektiver Schuld versteht. »Alle Weißen sind schuldig« ist nicht nur gefährlicher Unsinn, sondern Rassismus mit anderen Vorzeichen,(...)

Diese Stelle hat es in sich. Auch in Hannah Arendts Augen ist Rassismus ein Herrschaftsinstrument. Indem die Weißen sich als Weiße kollektivschuldig bekennen, bleiben sie dem Rassismus, den sie einst zur Niederhaltung der Schwarzen entwickelten, absichtsvoll treu. Denn ein solches Kollektivbekenntnis entlastet von der Aufgabe der Strafverfolgung. Die »Schuldigen« bleiben weiß und behalten das Zepter der *white supremacy* in der Hand. Ein merkwürdiges Phänomen, das viel zu lange ungesehen geblieben war. Jedes »Wir Weißen sind schuldig« verhindert, dass die Weißen anfangen, sich zu pluralisieren und ihr Denken und Handeln den Indigenen und Schwarzen zu öffnen, sich also im Dialog eine *critical whiteness* zu erdenken.

> (...) und er (der Rassismus mit anderem Vorzeichen, MLK) dient auf recht wirksame Weise dazu, den sehr konkreten Klagen und rationell begründeten Gefühlsreaktionen der Schwarzen ein Ventil zu öffnen auf Ersatzobjekte und in Ersatzhandlungen, um sie so die Flucht aus der Realität, in der sie etwas erreichen könnten, antreten zu lassen.

Der fortgesetzte Rassismus der Weißen – der sagt: wir Weißen sind alle gleichermaßen schuldig – gibt sich den Schwarzen gegenüber demütig, aber tatsächlich bleiben die Weißen »weiß«, sie werden nicht allgemein. Dieses Schuldbekenntnis ist in Arendts Augen ein Ersatz für tatsächliches politisches Handeln, denn es verhindert, dass alle wirklich »etwas erreichen«, will meinen: sich gemeinschaftlich in die Lage versetzen, die Verhältnisse im Miteinander wirklich dauerhaft umzugestalten. »Die Weißen« bleiben unter sich. Die Frage tatsächlicher Schuld, die Frage, welchen Beitrag jeder Einzelne tatsächlich geleistet hatte, wurde laut beschwiegen.

Auch wenn es für Arendt kollektive Schuld nicht gab, weil Schuld, etwas vereinfacht gesagt, immer an Taten gebunden ist, so gab es doch eine kollektive Verantwortung. Einerseits retrospektiv, für die Taten der Vergangenheit, andererseits prospektiv, eine Verantwortung, die, der gemeinsamen Geschichte eingedenk, eine Erneuerung der Gemeinschaft in die Zukunft hinein entwarf. Kollektive Verantwortung ist der Preis, den wir dafür bezahlen, dass wir nicht in ein Nichts, sondern in eine Gemeinschaft hineingeboren werden, so Arendt. Und um für diese kollektive Verantwortung einzustehen, suchte sie einerseits nach einem verantwortlichen Umgang mit dem Erbe der Sklaverei und andererseits nach einem neuen gemeinsamen politischen »Versprechen« – wobei sie »Versprechen« definierte als jene »dem Menschen eigentümliche Art, die Zukunft in den Griff zu bekommen, sie in einem menschenmöglichen Ausmaß berechenbar und verlässlich zu machen«. Eine berechenbare und verlässliche Zukunft für alle *identities*.

Doch noch ein anderer Aspekt aus Arendts Argumentationszusammenhang muss bedacht werden: Wo alle Weißen schuldig sind (und alle Schwarzen demzufolge unschuldig?), setzt sich, zumindest im Kopf, die Idee der Ohnmacht der Schwarzen fort. Die Realität wird als eine angesehen, in der man als Schwarzer sowieso nie etwas erreichen konnte und auch heute vielleicht noch immer nichts erreichen kann. So gesehen fixieren kollektive Schuldbekenntnisse in ihren Augen die Segregation der »Kollektive«.

Sehr deutlich hatte Ralph Ellison in dem Interview, das Arendt gelesen hatte, vor der Gefahr gewarnt, dass »der menschliche Aspekt der Rassenbeziehungen« zwar stark sei, dass aber überall dort, wo sich eine politische, soziologische oder ideologische Wahrnehmung der Wirklichkeit durchsetze, diese drohe, die menschlichen Beziehungen zu zersetzen. »Dann fließt ein Großteil der menschlichen Energien in die Aufrechterhaltung unserer Identitätsschemata«, warnte er. Wo blockierte politische und soziale Kämpfe durch Kulturkämpfe kompensiert werden, erobern Identitäten die Köpfe. Und tatsächlich: In der schwarzen Bewegung wurden Stimmen, die sich auf die Kraft der Herkunft (Afrika) und auf die der Religion (Moslems) bezogen, zunehmend lauter. Die Schwarzen separierten sich. Einige verfochten – anfangs unter Bezugnahme auf die Staatsgründung Israels, später unter Berufung auf die siegreichen Befreiungsbewegungen – die Gründung eines autonomen Bundesstaates. Vielleicht um den »Urwald« (Morrison) des internalisierten weißen Blicks endlich abzuschütteln, entstanden Gruppierungen innerhalb von Black Panther und Black Muslims, die scheinbar in einer Art Umkehrung die Schwarzen als auserwähltes Volk Gottes und die Weißen als Minderheit und ohnehin als minderwertig ansahen. Die Weißen hatten sich, so eine der Äußerungen, die Arendt zitiert, in die »Führungsrolle der Schwarzen« und den Untergang der weißen Rasse zu fügen. Auch die Leitung des Students Nonviolent Coordinating Committee (SNCC) suchte nach Entflechtung. »Auf die Gefahr hin, des Rassismus bezichtigt zu werden«, las man 1966 in dem wegweisenden Papier »The Basis of Black Power« von Robert Moses, müssten die Schwarzen jetzt, da sie die Bürgerrechte besaßen – also das Recht hatten, Flugblätter zu verteilen, wählen zu gehen und sich selbst zu organisieren –, ihr Schicksal in die eigene Hand nehmen. Und als hätten sie Arendts Überlegungen gelesen, dass es auf konkrete Taten ankommt und darauf, die Schwarzen in den allgemeinen Konsens einzugliedern, appellierten die *students* an alle Weißen, die sich für die Emanzipation der Schwarzen engagieren wollten und einen Wandel in der Gesellschaft suchten, es sei nun an der Zeit, dass sie den Rassismus im Innern der eigenen, der weißen Gemeinschaft bekämpften. Zweifellos hätten Weiße in der Vergangenheit in der Bürgerrechtsbewegung eine bedeutende Rolle gespielt, in Mississippi sogar eine Schlüsselrolle im Kampf der Schwarzen, sich ein Organisationsrecht zu erwirken. Doch nun sei es an der Zeit, dass sie, die Schwarzen, den weißen Blick abstreiften, auch den weißen Blick in sich selbst. Durch die Präsenz der Weißen blieben die Schwarzen schwarz. Das sollte sich ändern. Hinzu kam: Wenn Weiße jetzt weiter in den Reihen der Schwarzen kämpften, signalisierte dies in einer Art paternalistischer Delegation, dass nur durch den Kampf der Schwarzen eine Veränderung zustande kommen könne. Nein, alle waren verantwortlich für die Zukunft der Republik, also sollten die Weißen von nun an unter den Weißen politisch wirken, las man. Die angebliche Schwarzenfrage war ja tatsächlich eine republikanische Frage.

In den 1960er Jahren entstanden diverse Förderprogramme und *affirmative actions* speziell für Schwarze, etwa das Quotensystem an Colleges und Universitäten, mit denen Mitglieder von Minderheiten auch dann Studienplätze erhielten, wenn ihre Testergebnisse hinter denen anderer Bewerber zurücklagen. Arendt widersprach dieser Regelung.

> Der allgemeine Bürgerrechts-Enthusiasmus führte zur Integration größerer Mengen von Schwarzen, die jetzt ihr eigenes Curriculum verlangen (Black Studies), weil sie das allgemeine Niveau nicht halten. Mit anderen Worten, sie wollen sich des Qualifikationssystems bemächtigen und es ihrem Niveau anpassen.

Ein befremdlich pauschales Statement. Bereits 1946 hatte es an der New School for Social Research in New York ganz selbstverständlich für alle Studenten Kurse in »afrikanisch-amerikanischer Kultur und Geschichte« gegeben (Dozenten: Sterling Brown, W.E.B. Du Bois, Alain Locke); und so fragwürdig es war, wenn Ende der 1960er Jahre schwarze Organisationen Black Studies nur für Schwarze forderten, wie dies teilweise damals geschah, und so fragwürdig Bevorrechtungen jeder Art in Arendts Augen sein mochten – so fragwürdig ist ihre Polemik in diesem Punkt. Offensichtlich war sie blind für diese blinden Flecken in der amerikanischen Geschichte. Dabei wäre es im Sinne eines historischen Wandels, von dem damals alle sprachen, dringend notwendig gewesen, sich auch in der Wissenschaft zu öffnen, neue Forschungen anzustoßen und die Geschichte der Schwarzen und der Native Americans in die vorhandenen Wissenschaften zu integrieren. Selbstverständlich hätte dieses Wissen Eingang in die Lehrpläne der Universitäten und Highschools finden müssen – allen voran in den Geisteswissenschaften.

17. ABBITTE. Briefe sind aufgeschobene Begegnungen, und auch der Brief von Hannah Arendt an Ralph Ellison war ein Aufschub gewesen: einerseits pars pro toto eine aufgeschobene weitere Auseinandersetzung mit Ellisons Gedanken- und Erfahrungswelt; man schreibt schließlich keine Briefe, wenn man keine Verbindungen sieht oder sucht. Andererseits war der Brief vielleicht ein aufgeschobenes Versprechen an sich selbst. Denn mit diesen 20 Zeilen hinterlegte Arendt die Einsicht, dass bei aller Fremdheit der schwarzen Erfahrung ihre diversen Begegnungen und Lektüren der letzten Jahre nicht folgen-, sang- und klanglos bleiben durften.

Arendts Sang und Klang aber war von eigener Natur. So fragil ihre Denkwege, so kräftig für gewöhnlich ihr Urteilen. Die Vermutung liegt nahe, dass ihr Brief eine Art Zwischenbescheid war, ein Deposit, womöglich an beide gerichtet – an den Adressaten *und* an sich selbst: »Aber ich wusste immer, dass ich irgendwie falsch lag, und hatte das Gefühl, ich hätte die nackte Gewalt, die elementare körperliche Angst nicht begriffen«, hatte es im Brief geheißen. Eine Abbitte. Doch was folgerte sie daraus?

Arendt dürfte, so könnte man den Brief lesen, erkannt haben, dass ihr »Little Rock« tatsächlich kein Auge und kein Ohr für die »nackte Gewalt« und die »elementare körperliche Angst« der Schwarzen gehabt hatte. Handelte es sich um Gefühlskälte oder um eine Art Selbstkontrolle? Unrührbarkeit, das wusste sie, war in der Tat »Furcht erregend«. Doch ihr politisches Denken ließ sich offensichtlich »berühren« von dem, was es gewärtigte – allerdings auf ihre Art.

Die Erfahrung der Geschichte lehrt, dass es Minderheiten im Zweiparteiensystem der USA kaum möglich ist, Räume politischer Repräsentation zu erobern. Das erfuhren auch die Bürgerrechts- und die Antikriegsbewegung. Wie schwer, ja undenkbar es den herrschenden Kreisen damals war, eine Öffnung ihres Systems hin zu neuer Teilhabe der bislang nicht Repräsentierten zuzulassen, erkennt man beispielhaft an dem kurzen Leben der Mississippi Freedom Democratic Party (MFDP). Da auch in Mississippi wie in vielen Südstaaten noch 1964 Schwarze, obwohl sie 40 Prozent der Bevölkerung stellten, nicht Mitglieder der Demokratischen Partei werden konnten, hatte sich im *Freedom Summer* eine (schwarze) demokratische Parallelpartei gegründet, die voller Hoffnung auf Anerkennung im August 1964 Delegierte zum demokratischen Bundeskonvent nach Atlantic City entsandte. Dort forderten sie, einen Teil der Delegiertenplätze des Staates Mississippi zugesprochen zu bekommen. Doch aus Angst um den Verlust der weißen Stimmen in den Südstaaten, die damals mehrheitlich demokratisch waren, konzedierte der Parteivorsitzende Lyndon B. Johnson den angereisten Freiheitsdemokraten lediglich zwei »außerordentliche« Sitze. Ein Almosen. Die Schwarzen reisten ab. Trotz Bürgerrechten blieb die Segregation zementiert.

Um das erstarrte Zweiparteiensystem weiter aufzubrechen und auf der Suche nach neuen Strukturen politischer Repräsentation für all diejenigen, die aus dem politischen System ausgeschlossen zu bleiben drohen, forderte Arendt 1970 auf einem Juristentag unter dem Titel »Is the Law Dead?« die Aufnahme eines Rechts auf zivilen Ungehorsam in die amerikanische Verfassung. Eine typische Arendt-Idee. Als Bedingung nannte sie:

> Ziviler Ungehorsam entsteht, wenn eine bedeutende Anzahl von Staatsbürgern zu der Überzeugung gelangt ist, dass ihr entweder die herkömmlichen Wege der Veränderung nicht mehr offenstehen (...) oder dass im Gegenteil die Regierung dabei ist, ihrerseits Änderungen anzustreben, und dann beharrlich auf einem Kurs bleibt, dessen Gesetz- und Verfassungsmäßigkeit schwerwiegende Zweifel aufwirft ...

Das der amerikanischen Tradition nicht wesensfremde Recht auf zivilen Ungehorsam war ein neuer Baustein in Arendts politischer Theorie. Einerseits sah sie die Einführung eines solchen Rechts als Garant für die politische Teilhabe gerade auch der systematisch Unterrepräsentierten, andererseits als Garant gegen alle Versuche, die Republik für eigene, antidemokratische Belange zu kapern. Die Lücken des Systems mussten bedacht werden. Doch noch etwas anderes wollte Arendt bedacht wissen, wie sie sehr genau ausführte: In ihren Augen hatte die Politik in der Vergangenheit ihre Aufgabe, allen Bürgern die Einhaltung der Gesetze zu garantieren, nicht eingelöst, da sie nicht gegen die schlicht verfassungswidrigen Segregations-Gesetze der Einzelstaaten vorgegangen war – ein eklatantes Unrecht, das es zu reparieren galt:

> Nicht das Gesetz, sondern ziviler Ungehorsam (hier der zivile Ungehorsam der Bürgerrechtler,

> MLK) brachte das »amerikanische Dilemma« ans Licht und zwang die Nation vielleicht das erste Mal dazu, das enorme Ausmaß des Verbrechens zur Kenntnis zu nehmen, das nicht einfach Sklaverei heißt, sondern bei dem es sich um eine Form der Leibeigenschaft handelt, »die einzigartig unter allen der Zivilisation bekannten Systemen dieser Art dasteht«.

»Einzigartig«? In einer Fußnote erläuterte Arendt, das Zitat stamme aus der hervorragenden Studie von Stanley Elkins, die erstmals erkläre, »warum die Sklavenbefreiung in den Vereinigten Staaten so katastrophale Folgen« gehabt habe. Elkins hatte die Einzigartigkeit der nordamerikanischen Sklaverei untersucht und festgestellt, dass es anders als etwa in Südamerika auf dem Territorium der USA zum Zeitpunkt des Beginns der Sklaverei keine Institutionen gab, die der Totalität der Eigentumsverhältnisse zwischen *Master and Slave* einen Riegel hätten vorschieben können. Weder Kirche noch Kolonialmacht, noch irgendwelche lokalen Traditionen standen in Virginia oder Georgia der »ultimativen« Eigentumslogik im Weg, zumal die Native Americans aus diesen Gegenden vertrieben oder ermordet waren. So umstritten Elkins' Studie in einzelnen Punkten gewesen sein mag, sie lieferte Arendt 1970 Einblicke in die »Einzigartigkeit« der US-amerikanischen Sklaverei, sprich in die historischen und kulturellen Hintergründe der »nackten Gewalt« gegen Schwarze und der »elementaren körperlichen Angst«, von denen fünf Jahre zuvor im Brief die Rede gewesen war.

Literatur und Musik sind voll von Geschichten darüber, wie Sklavenkinder, kaum abgestillt, ihren Müttern entrissen wurden; voll von Geschichten darüber, wie Frauen und Männer in separaten Unterkünften zusammengepfercht leben mussten; voll von Geschichten darüber, wie ein schwarzer Mann und eine schwarze Frau, die sich liebten und vielleicht sogar ein Kind miteinander zeugten, dennoch keinerlei Recht darauf hatten, zusammenzuleben und eine Familie zu gründen, weil dies den Wert der Sklaven geschmälert hätte. Voll von Männern, die ihren Kindern nie Väter sein durften, voll von Kindern, die ihre Eltern nicht kannten, von Frauen, die ohne männlichen Schutz Freiwild weißer Lüste waren. Und die Geschichten sind voll von schwarzen Frauen, die aus Selbstschutz auch noch das kleinste Gefühl einer Zuneigung zu einem männlichen Sklaven sofort im Keim ersticken zu müssen glaubten, weil sie wussten, dass jeder Auserwählte morgen schon verkauft sein konnte.

Stanley Elkins stellte die Brutalität der südamerikanischen Sklaverei und den dort bestehenden Rassismus in keiner Weise in Frage. Sklaverei ist Sklaverei und ein Menschheitsverbrechen. Er stellte nur fest, dass in dem spanisch kolonisierten, katholisch beeinflussten Südamerika Sklaven nicht im gleichen Maße dem totalen Eigentumsverdikt unterlagen, sondern mancherorts, wenngleich meist in äußerst kleinem Rahmen, Rechtssubjekte waren und auch mancherorts in begrenztem Umfang ein Anrecht auf geregelte Freizeit oder kleine Parzellen besaßen; nicht selten standen Sklavenfamilien aufgrund des Sakramentes der Ehe unter einem gewissen moralischen Schutz der Kirche und mancherorts hatten Sklaven tatsächlich die Möglichkeit, sich freizukaufen oder freizukommen, wenn sie sich taufen ließen oder sich zum Militärdienst der spanischen Krone meldeten.

Elkins brach in seiner Arbeit noch mit einem anderen Tabu, denn er stellte fest, dass nirgends außer in den USA die Sklaverei mit einem Krieg beendet wurde. Nirgends hatten die Abolitionisten ähnlich kompromisslos auf ihrer »guten Sache« beharrt, nirgends so unversöhnlich auf Sieg gesetzt wie im Bürgerkrieg der USA, so las man bei Elkins. In der Logik der Sklavenbesitzer kam die Abschaffung der Sklaverei einer Enteignung gleich, weshalb beispielsweise die im britischen Empire ansässigen ehemaligen Sklavenbesitzer Entschädigungszahlungen erhielten – eine ungerechte Angelegenheit, zumal von einer Entschädigung für die Sklaven nirgends die Rede war. Ein Kompromiss auf Kosten Dritter.

Anders in den USA, wo die Sklaverei unversöhnt endete: auf der einen Seite der Sieg im Bürgerkrieg, auf der anderen Seite die Jim-Crow-Gesetze der Südstaaten, durch die die Entrechtung der Schwarzen und die Rassensegregation der Sklavenzeit fortgesetzt wurde, ja Teil der *Southerners*-Identität wurde. Mehr als ein Jahrhundert hatte die Politik in Washington über diese Kluft hinweggesehen – ein blinder Fleck (der Unversöhntheit), vor dessen Fortsetzung Arendt in »Little Rock« eindringlich gewarnt hatte. Wie konnte es sein, fragte sie 1957 – und dieses Anliegen wird in der Literatur fast nie behandelt –, dass die Politik, statt endlich allen Bürgern die in der Verfassung verbrieften Bürgerrechte zu garantieren, den politischen Kampf einmal mehr ins Soziale verschob? Statt die Rechtlosigkeit abzuschaffen, wurde versucht, so sah es Arendt, die Folgen der Rechtlosigkeit zu begütigen.

Äußerst beredt hatten ihre »liberalen Freunde und Nichtfreunde« (siehe Brief) Arendt wegen ihres Beitrags angegriffen, ohne dass die Sache, um die es ihr tatsächlich ging (ein blinder Fleck in der Geschichte der USA), überhaupt gesehen wurde.

Derzeit wird auch in Deutschland über die Einzigartigkeit des Kolonialismus, der Sklaverei und des Holocaust diskutiert – eine Auseinandersetzung um Erinnerungs- und Aufmerksamkeitshierarchien in Zeiten der Globalisierung. Kein Zweifel, der Holocaust war einzigartig und dies auf eine völlig andere Weise als die Einzigartigkeit anderer Verbrechersysteme, die noch immer zu wenig untersucht sind. Wo Stanley Elkins (und Hannah Arendt schließt sich ihm diesbezüglich an) aufgrund seiner Untersuchungen die Einzigartigkeit der Südstaaten-Sklaverei als den Zustand totaler Rechtlosigkeit diagnostizierte, suchte Arendt danach, auf welche Weise diese einzigartige Eigentumslogik und Rechtlosigkeit der US-Sklavengesellschaften bis in ihre Zeit fortlebte. Welche politischen Konsequenzen konnte, ja musste man aus Elkins' Erkenntnissen ziehen?

Als Arendt 1970 für die Verankerung des Rechts auf zivilen Ungehorsam in der Verfassung plädierte und dafür eintrat, dass entsprechende Lobbygruppen das Recht haben sollten, sich eigene Vertretungsorgane zu schaffen, ging es ihr nicht zuletzt darum, den Schwarzen endlich das Recht auf aktive politische Teilhabe zu garantieren – allerdings immer im Rahmen der Gewaltfreiheit. Der »stillschweigende Ausschluß der Schwarzen aus dem stillschweigenden Konsens« des Landes musste ein Ende haben. Wie nur, fragte sie explizit in ihrer Verteidigungsschrift, wie nur konnte es sein, dass die USA sich zwar als Einwanderungsgesellschaft verstanden und die Ankömmlinge willkommen hießen, dass aber die »inzwischen befreiten, im Lande geborenen und aufgewachsenen Schwarzen« keine explizite Aufnahme in das Gemeinwesen fanden? Was ihr dabei vorschwebte, war nichts Geringeres als eine anerkannte schwarze Lobbygruppe.

Im Zuge ihrer Kritik, dass Politik und Oberster Gerichtshof es in der Vergangenheit unterlassen hatten, die Gültigkeit der Verfassung (und des 14. und 15. Zusatzes) durchzusetzen und politische und rechtliche Verantwortung für die (einst) Ausgeschlossenen zu übernehmen, entwarf sie einen Verfassungszusatz, der den Schwarzen vollständige Gleichberechtigung vor dem Gesetz garantieren sollte.

> Ein expliziter, eigens an die schwarze Bevölkerung Amerikas gerichteter Verfassungszusatz (*amendment*, MLK) hätte in den Augen dieser Menschen, die niemals willkommen geheißen worden waren, den großen Wandel eindrücklicher unterstrichen und endgültig besiegelt. (...) Das Versagen des Kongresses, der einen solchen Zusatz nicht vorgelegt hat, tritt umso deutlicher hervor, als sich eine überwältigende Mehrheit für einen Verfassungszusatz zur Aufhebung der bei Weitem

nicht so schlimmen Diskrimninierungspraktiken gegen Frauen entschieden hat.

Ein Verfassungszusatz für Schwarze! So fraglich ein solcher Vergleich der Opfer – Schwarze, Frauen –, so einleuchtend die Begründung für einen solchen Zusatz: Da die Verfassung allen Einzelgesetzen vorrangig ist, hätte ein solches Amendment der Politik wie der Rechtsprechung ein Mittel an die Hand gegeben, alle diskriminierenden politischen und juristischen Praktiken und Usancen (auch etwa in Mietsrechts-, Arbeitsrechts- oder Eigentumsfragen) zu unterbinden, denn ein solcher Zusatz wäre für alle Richter des Obersten Gerichtshofs zukünftig bindend gewesen, unabhängig davon, welcher politischen Couleur sie jeweils angehörten.

Ein Equal Rights Amendment – das waren unerhörte Töne und sie blieben ungehört. Auch in den jüngsten, eingangs erwähnten Auseinandersetzungen mit dem »Rassismus« von Hannah Arendt wird dieser Vorschlag nicht einmal erwähnt, dabei wäre dieser Zusatz in der Vergangenheit sicher ähnlich wie der Frauenzusatz, der 1923 erstmals im Kongress eingebracht wurde, ein Einschnitt gewesen. Arendts Idee war, dass die aus dem Konsens ausgeschlossenen Minderheiten der Republik (Antikriegsbewegung, schwarze Bürgerrechtsbewegung) zukünftig das Recht haben sollten, sich als eine »ständig präsente« Macht zu etablieren, mit der alle zukünftig »in den täglichen Regierungsgeschäften würden rechnen müssen«. Was Arendt sich für den zivilen Ungehorsam erhoffte, war ein »Zuhause« – nicht nur im Wortschatz, sondern auch im politischen System der USA. Explizit beschränkte Arendt ihr Lob des zivilen Ungehorsams allerdings auf gewaltfreies Handeln und auf die Verteidigung von Menschen- und Grundrechten.

Fasziniert vom US-amerikanischen System des Föderalismus und dessen horizontaler Machtverteilung trachtete Hannah Arendt, die an der Geschichte des Judentums geschulte politische Theoretikerin, danach, die *res publica* ihres »miesen Landes« so auszugestalten, dass in ihr allen Bürgern gleichermaßen garantiert wäre, »ohne Angst verschieden zu sein« (Adorno) und als Verschiedene öffentlich in Erscheinung zu treten. Die Frage, welche Strukturen man schaffen könne, damit zukünftig all diejenigen gesehen und gehört würden, die allzu lange »ungesehen und ungehört« geblieben waren und die auch in der Image-Politik weiterhin übergangen wurden, war ab Mitte der 1960er Jahre drängend geworden. Neben ihrem Engagement für das Recht auf zivilen Ungehorsam galt Arendts schreibende Sorge damals der Auseinandersetzung mit neuen Strukturen der Partizipation und Repräsentation: Rosa Luxemburgs Rätegedanke wurde ebenso neu befragt wie der Unterschied von Macht und Gewalt sowie das Verhältnis von Wahrheit und Lüge in der Politik. Mit dem Recht auf zivilen Ungehorsam sollten außerparlamentarische Kräfte als Lobbygruppen Raum im politischen System erhalten. Es konnte schließlich nicht angehen, dass ganz Gruppen eines Landes aus dem *consensus universalis* ihres Landes ausgeschlossen blieben und so um das »in den Gesetzen fixierte Versprechen« betrogen würden, die Welt, richtiger: das Mitsein in der Welt, gemeinsam auszuhandeln. »Wo die Institutionen versagen, müssen die Menschen in die Bresche springen«, las man in ihrem Essay von 1970. Doch dass die Gewalt der Anti-Blackness für die Schwarzen immer wieder neu den Traum vom Menschsein unterbrach, blieb in ihrem Werk unbedacht. Von jeher lässt sich an der Stellung der Andersdenkenden und der Minderheiten der Zustand einer Republik ablesen, doch hier kam noch ein anderer Aspekt ins Spiel, nämlich die Ahnung, dass in Umbruchszeiten just jene, die nicht in das Herrschaftskontinuum einer Gesellschaft verstrickt sind, kraftvoll zu ihrer Erneuerung beitragen können. Arendt war davon überzeugt, dass die politischen und rechtlichen Rahmenbedingungen, ja das Versprechen in die Zukunft, das sich eine politische Gemeinschaft durch die Gesetze gibt, in und von jeder Generation erneuert werden muss, um die Zukunft »in einem menschenmöglichen Ausmaß berechenbar und verlässlich« zu erhalten und somit allen Freiheit zu garantieren. Denn der Sinn von Politik ist nicht Abbitte, sondern: Freiheit.

Ralph Waldo Ellison / Kenneth P. Warren

DIE NACKTE GEWALT UND DAS IDEAL DES OPFERS

Auszug aus dem Interview von Kenneth P. Warren mit Ralph Waldo Ellison in »Who Speaks for the Negro«. Der Auszug folgt dem Vorabdruck, der am 25.3.1965 in der Zeitschrift »The Reporter« erschien.

ELLISON: Die Vorstellung von der gespaltenen Psyche der Schwarzen taugt nicht so richtig – auch wenn sie für Dr. Du Bois persönlich stimmig gewesen sein mag. Meine Frage ist nicht, ob ich die amerikanischen Werte akzeptiere oder ablehne, sondern wie es mir gelingen kann, diese maximal mitzugestalten. Zudem geht es darum – Sie haben ja schon darauf hingewiesen –, die Ideale, die einst so schicksalhaft niedergeschrieben wurden, endlich verwirklicht zu sehen.

WARREN: Zuweilen begegnet man einem Schwarzen, der es bedauert, dass auf lange Sicht das Blut der Schwarzen absorbiert werden könnte und so die Identität der Schwarzen verlorenginge.

ELLISON: Das ist ja, als wünsche man sich, der Vater des eigenen Vaters sei nicht der eigene Großvater. Ich fürchte nicht, dass das Blut der Schwarzen absorbiert werden könnte, sondern dass das kulturelle Erbe und die kulturellen Ausdrucksformen der schwarzen Amerikaner von einem Mangel an Wertschätzung und von stetiger Kommerzialisierung und Banalisierung zerstört werden. Darüber hinaus funktioniert das mit der Absorption des Blutes nicht so einfach, glaube ich. Ob mit oder ohne Druck von außen – nicht jeder orientiert sich in seinen Vorlieben an den Maßstäben der Weißen; es gibt noch ganz andere Auswahlkriterien. Manche Menschen mag man einfach, rein äußerlich – wegen ihrer Stimme, ihrer Art der Wahrnehmung und vieler anderer Eigenarten. Hinzu kommt, dass Schwarze, ganz egal, was manche unserer Wortführer sagen, nichts dagegen haben, schwarz zu sein – unabhängig davon, wie unangenehm das manchmal ist. Ich bin gern schwarz.

WARREN: Dann bedeutet Schwarzsein also nicht nur Leid und soziale Deprivation, sondern auch Herausforderung und Reichtum an Möglichkeiten?

ELLISON: Genau – das gehört dazu und so wird es menschlich. Und wie ich den jungen Leuten heute Morgen an der Rutgers University gesagt habe: Ich will dem Kampf um keinen Preis ausweichen, dazu bin ich einfach zu neugierig, wie er ausgeht; ich möchte an den Entwicklungen und an der Kultur teilhaben, und zwar nicht als halb Außenstehender, sondern als jemand, der das amerikanische Wertesystem verantwortlich mitgestaltet.

WARREN: Einige Schwarze – Wortführer – sagen, die Situation der Schwarzen sei kein bisschen reich oder herausfordernd. Möglicherweise haben sie strategische Gründe dafür, das totale Elend so in den Vordergrund zu rücken.

ELLISON: Vielleicht kann ich gerade deshalb so reden, weil ich kein Wortführer bin. Doch natürlich gibt es die Ge-

fahr, dass beides, das enorme, durch die Rassenmisere verursachte Leid ebenso wie die enorme gesellschaftliche Entfremdung der Schwarzen, überbetont wird. Die Gefahr ist, dass schwarze Jugendliche das als Ausrede benutzen und sich damit selbst blenden. Und statt sich als Individuen zu sehen und die eigenen Fähigkeiten auszuschöpfen, reduzieren sie sich auf allgemeine Zuschreibungen von Entfremdung und Leid. Damit wäre erreicht, was Unterdrückung und Gewalt über die Jahrhunderte nicht geschafft haben: Das Individuum entmenschlicht sich. Paradoxerweise schreiben einige dieser »Entfremdungs«-Rufer in den konservativsten Zeitschriften und erhalten dafür fürstliche Entlohnung. Dabei hat das Elend, über das sie sich lang und breit auslassen, nicht unbedingt rassische Gründe.
Überhaupt habe ich meine Zweifel, dass es »totales« Elend gibt, denn wo es um Individuen geht, ist zwei und zwei selten vier. Aber ja: Leid und Entfremdung sind nützliche Argumente.
Ein anderer Aspekt in diesem Zusammenhang ist, dass schwarze Amerikaner wie die meisten ihrer Landsleute eine doppelte Identität besitzen. Die Disziplin, mit der die derzeitigen Kämpfe geführt werden, entstammt ironischerweise weniger dem puren Leid – und der puren Verzweiflung – als der Tatsache, dass wir in langen leidvollen Jahren gelernt haben, mit Unterdrückung, Provokationen und Gewalttaten zu leben. Denn jeder Schwarze musste ein eigenes Wertesystem etablieren und eine eigene Auffassung von schwarzer Erfahrung und schwarzer Persönlichkeit entwickeln; doch diese Vielfalt an Auffassungen hat nie Eingang in die Soziologie- und Psychologielehrbücher gefunden.

WARREN: Charakterstärke und Selbstbeherrschung – die Dinge, die der Bewegung heute solche Durchschlagskraft verleihen, erwuchsen also nicht aus blindem Leid?

ELLISON: Nein, und auch nicht aus Selbstmitleid und Selbsthass – wie es viele schwarze und weiße Soziologen, Journalisten, Black Muslims und so manche liberale Weiße glauben. Natürlich findet man solche Empfindungen in der Bewegung – auch Schwarze sind Menschen –, aber Charakterstärke und Selbstbeherrschung sind keineswegs das Resultat von blindem Leid oder Selbsthass. Denn auch als die Welt wegsah, als niemand im Land die Schwarzen sah und wir durch das damals geltende Rechtsverständnis zahlreiche Repressionen in Kauf nehmen mussten, gab es etwas, das uns am Leben erhielt. Das wird deutlich, wenn man sich unsere frühere Kultur genauer anschaut und unsere Folklore eingehend betrachtet, bevor man sich ein Urteil bildet. Etwa die Geschichten, die die Schwarzen sich untereinander erzählen. Mich ärgert es jedes Mal, wenn einer, weil er es gut mit uns meint, sagt: »Plötzlich hat der Schwarze den Mut entdeckt.« Er projiziert schlicht seine Vorstellungen auf die Schwarzen – und es sind nicht mal eigene Vorstellungen, sondern vorgefertigte Stereotypen –, und schon erscheint ihm, was das Resultat einer langen beschwerlichen Entwicklung ist, als dramatischer Wendepunkt. Nur weil *er* plötzlich die Freiheitsbewegung entdeckt hat, gibt es sie. Nur weil er hinschaut, wird unsere Bewegung – je nachdem – ein Ereignis, ein Kunstwerk oder eine Verschwörung; dabei haben sich Gruppendisziplin und Organisationsgeschick über viele Jahre herausgebildet.

Ich sollte mich über solch falsche Betrachtungsweisen nicht ärgern, denn wir Amerikaner wissen wenig über unsere Geschichte und meinen immer, dass wir uns den Konsequenzen unserer Geschichte nicht stellen müssen, wenn wir nur lang genug nicht hinschauen. Und wir kennen genügend Wege, Probleme zu verschleiern oder zu banalisieren.

Vor einiger Zeit, während der Sommerunruhen in Harlem, sah ich die Wiederholung eines alten Al-Jolson-Films im Fernsehen, und in einer großen Szene singt Jolson den Refrain: »Ich will nicht eure Gesetze machen / ich will nur meine Lieder singen und fröhlich sein.« Egal, was die Schwarzen damals, als der Film herauskam, wirklich dachten oder wie es damals tatsächlich um den Freiheitskampf stand – dieses Stück Unterhaltungskultur erzählt uns wenig über Schwarze, dafür umso mehr über Jolson, über Hollywood und über die besondere Fähigkeit der Amerikaner, ernste moralische Fragen in seichte, sentimentale Unterhaltung umzuwandeln. Jeder, der sich die Mühe macht, sich in der Geschichte umzusehen, weiß, dass die Schwarzen damals nicht nur liebend gern andere Gesetze gehabt hätten, sondern sich auch damals schon dafür engagierten.

So gesehen ist Amerika durch schlechte Kunst ungemein beschädigt worden, und schwarze Autoren, die für ihre schäbigen Arbeiten gelobt werden wollen und jeder seriösen literarischen Kritik ein rassistisches Vorurteil unterstellen, sollten bedenken, dass schlechte Kunst, die mit ernsten Themen spielt, letztlich zerstörerisch ist und einen schlechten Einfluss hat, völlig unabhängig von der rassischen Herkunft (*racial background*) des Künstlers.

WARREN: Was halten Sie von dem Gedanken, dass ein Teil des Widerstands in den Südstaaten gar nicht so sehr rassisch begründet ist als vielmehr durch den Wunsch, sich seine Identität zu erhalten? Womöglich verteidigt ein weißer Südstaatler die Segregation, weil er glaubt, seine Identität sei gefährdet, und weil er die Rassentrennung für Teil einer wie auch immer gearteten Südstaatlichkeit hält. Er glaubt, dass seine Kultur und seine Identität nur intakt bleiben, wenn er alles zusammenhält. Leuchtet Ihnen das irgendwie ein?

ELLISON: Und wie mir das einleuchtet. Ich meine sogar, dass die Südstaatler in diesem Irrglauben gefangen sind und er sie daran hindert, ihre Individualität zu entwickeln – vielleicht mehr als die Schwarzen. Für Nordstaatler ist das oft schwer zu begreifen. Das heißt für weiße Nordstaatler. Manchmal auch für schwarze.

WARREN: Ja, dem kann ich nur beipflichten – zumindest sehe ich das bei einigen Leuten, die ich kenne.

ELLISON: Dies zu vermitteln ist gar nicht so leicht. Ich wünschte, man könnte den Leuten ein für alle Mal klarmachen, dass die Aufhebung der Rassentrennung ihnen keineswegs ihre Südstaatlichkeit nehmen wird, dass Freiheit für Schwarze die Lebensweise der Südstaatler keineswegs zerstört. Die ist ohnehin, wie das Lebensweisen so an sich haben, als Mythos, als Erinnerung, als Traum realer denn in der Wirklichkeit. Das Klima hat einen enormen Einfluss auf die Lebensweise, und das Klima ändert sich ja nicht; auch die Helden der Südstaaten-

geschichte bleiben dieselben und so weiter. Vermutlich würde die Wirtschaft expandieren, denn die ganze Energie, die bisher darauf verwendet wurde, die Schwarzen in ihre Schranken zu weisen, würde für kreativere Beschäftigungen freigesetzt. Die Lexika würden korrekter, die Sprache ein bisschen gereinigt und der Gesang in den Schulen klänge harmonischer.
Ich vermute, dass all das, was an der Lebensweise in den Südstaaten kostbar und erhaltenswert ist, nicht von der Rassentrennung abhängt. Nach meinen Erfahrungen im Süden, als Musiker, Kellner und so weiter, werden gerade diejenigen, die sich am meisten davor fürchten, dass ihre Lebensweise sich ändern muss, sich wundern, wie wenig sich ändern wird, denn in den Augen der Schwarzen ist dieses weiße Leben nicht sonderlich attraktiv.

WARREN: Manchmal habe ich den Eindruck, das Lebensgefüge im Süden wird allein von der Segregation zusammengehalten.

ELLISON: Ja und all diese Ängste sind ziemlich unrealistisch, zumal alle politischen Strukturen derzeit im Wandel sind. Und wenn endlich Schluss mit der Rassentrennung ist, wird man sehen, welche Faktoren tatsächlich die Entwicklung der Schwarzen behindert haben, wie viel die Gesetze und wie viel eigene Neigungen und Entscheidungen da hineingespielt haben. Schließlich steckt ein Körnchen schwarze Wahrheit in dem Satz, den weiße Südstaatler so gern zitieren: Wenn ein Weißer an einem einzigen Samstagabend schwarz wäre, würde er nie wieder weiß sein wollen.

Ein schwacher Trost, aber davon abgesehen wird meines Erachtens nicht genügend wahrgenommen, dass Schwarze bestimmter Herkunft nur zu bereitwillig elitäre Wertmaßstäbe übernehmen. Ländlich und vom Süden geprägt, zieht es sie zum Beispiel nicht ins Gewerbe, denn das gab es dort so gut wie nicht. Das ist einer der Gründe – abgesehen von der Diskriminierung durch Banken und Lieferfirmen, von schlechten Ausbildungsmöglichkeiten und ja, auch von mangelnder Eigeninitiative –, warum wir keine leistungsfähige Mittelklasse entwickelt haben. Auch hier, wo es scheinbar um Rasse und Politik geht, wirkt ein kultureller Faktor hinein. Auch die weißen Südstaatler haben sich nur langsam fürs Gewerbe interessiert.

WARREN: Ja, das wird schon seit dem achtzehnten Jahrhundert beobachtet.

ELLISON: Aber noch einmal: Meine intellektuellen Freunde begreifen das nicht. Sie verstehen nicht – ich meine, sie finden es aberwitzig, wenn ich behaupte, Soundso habe ein elitäres Bild von sich selbst und elitäre aristokratische Werte, die er vom weißen Süden übernommen habe. Aber so ist es – und einige der größten Snobs, denen man begegnen kann, sind solche armen Schwarzen –, ok, vielleicht sind sie nicht arm, sondern haben durchaus ihr gutes Auskommen, aber sie haben sich einmal bestimmte Dinge, Normen und Werte zu eigen gemacht, und an denen werden sie bis an ihr Lebensende festhalten. Und das ist gar nicht mal so selten.

WARREN: In Washington, in der Howard Law School, habe ich mit einer Studentin gesprochen. Sie hat demonstriert, sie war im Gefängnis und dennoch sagte sie: »Ich bin zuversichtlich, dass es hier im Süden gut weitergeht – dass man eine menschliche Einigung finden wird, wenn die Unruhen vorbei sind.« Auf meine Frage, warum, erwiderte sie: »Weil wir schon immer hier zusammengelebt haben. Wir haben eine gemeinsame Geschichte, und das ist eine Grundlage für Verständigung, für ein späteres Zusammenleben.«

ELLISON: Ja, es stimmt, wenn man einen gemeinsamen Hintergrund hat, muss man sich über so einiges nicht erst verständigen, da mag man sich über die Frage, ob es eine gemeinsame Identität gibt, noch so viel streiten. Auch daraus besteht der Kampf des Südens. Für Gouverneur Wallace ist es beispielsweise derzeit sehr schwer einzusehen, dass er nicht nur eine gemeinsame Geschichte mit den Schwarzen hat, sondern auch die Macht mit ihnen teilen muss und dass sie vermutlich genauso viel über den Staat wissen wie er. Hier in New York kenne ich jede Menge Leute mit völlig verschiedenen Geschichten; viele von ihnen glauben mich zu kennen, aber sie haben keinerlei Ahnung, welche Erfahrungen mich geprägt haben – sie kennen weder das Spektrum noch die Komplexität. Sie haben jede Menge guten Willen und denken gern in abstrakten Kategorien.

WARREN: Ja, so sind die Menschen. Und das ist nicht immer einfach …

ELLISON: Ja, das stimmt. Plötzlich geschieht etwas und ich merke: »Meine Güte, die wissen ja gar nichts.« Das heißt, ich bin zwar ihnen gegenüber ein Individuum geworden, aber die Prägungen meiner Herkunft kommen dabei nicht vor. Bisweilen gelte ich als »anders« oder »besonders« – dabei bin ich nur ein relativ reflektiertes Exemplar eines typischen Schwarzen, an dem das Glück nicht tatenlos vorbeigegangen ist.

WARREN: Ich begegne vermutlich mehr oder weniger Ähnlichem. Wohlmeinende Freunde beglückwünschen mich und erklären mir, wie schön es sei, einen *reconstructed* Südstaatler kennenzulernen. Ich empfinde mich aber nicht als *reconstructed*. Und auch nicht als Liberalen. Ich bin ein vernunftbegabtes Wesen, und das Wort *reconstructed* passt mir überhaupt nicht.

ELLISON: Es ist wie der Begriff vom kulturell benachteiligten Kind – ich mag solche Etiketten nicht. Ich habe weiße Mittelklassekinder unterrichtet, die mir ziemlich »kulturell benachteiligt« erschienen, und zwar insofern, als sie sich in dieser Gesellschaft so wenig zurechtfinden, dass sie mit deren Problemen schlicht nicht zurande kommen.

WARREN: Eine andere Art kultureller Benachteiligung, stimmt's? Und eigentlich eine tiefergreifende.

ELLISON: Genau. Aber sie merken es nicht einmal. Diese Jugendlichen haben womöglich viel mehr Probleme als ein Kind, das im Slum aufgewachsen ist und dort gelernt hat zu überleben.

WARREN: Ist es rätselhafter, was mit ihnen passiert – ich meine mit manchen Mittelklassekindern?

ELLISON: Ja, es ist sehr rätselhaft, denn ihnen stehen alle Möglichkeiten offen, aber sie können mit dieser Gesellschaft und ihren Pflichten darin nichts anfangen. Und oft wissen sie nicht einmal, was sie überhaupt wollen. Dadurch können sie ihre Situation nicht verbessern und verstehen nicht, in welchem Ausmaß sie ihre Herkunft längst aufgegeben haben. Sie meinen, sie hätten eine Geschichte, doch jedes Mal, wenn man ernsthaft mit ihnen redet, merkt man – die schwebt irgendwo am Rande ihres Bewusstseins. Und da unterscheiden sie sich sehr von ihren Eltern, die womöglich tatsächlich eine Vergangenheit hatten, im Land ihrer Vorväter, auf ihrer jeweiligen Farm und so weiter. Aber mit den Jungen – da ist etwas passiert.

WARREN: Sie glauben, dass es in der amerikanischen Mittelklasse eine echte Wertekrise gibt?

ELLISON: Ja, meiner Meinung nach gibt es eine ungeheuerliche Krise, und in der schwarzen Befreiungsbewegung artikuliert sich diese Krise. Durch die Bewegung steht die Mittelklasse auf dem Prüfstand.

WARREN: Machen manche junge Weiße auch deshalb bei den Schwarzen mit – weil sie in der Bewegung eine Art persönliches Heil suchen, etwas, womit sie sich identifizieren können, etwas außerhalb ihrer selbst, außerhalb der Seichtheit ihres geistigen amerikanischen Mittelklassenghettos? Mehrere Leute, u.a. Robert Moses vom Student Nonviolent Coordinating Committee (SNCC), haben Widerstand formuliert gegenüber gutwilligen Weißen oder sogar gegenüber mutigen Mitstreitern. Manche Weiße versuchen sogar, um eigene Defizite zu kompensieren, sich Kultur, Sprache und die reiche Musik der Schwarzen anzueignen – nach dem Motto: Mach mit und schnapp dir die Seele des Anderen.

ELLISON: Ja, den Unmut darüber gibt es nun schon eine Weile. Neu ist heute nur, dass man ihn äußert, ihn zur Sprache bringt. Der Unmut entsteht aber nicht, das ist wichtig zu sagen, weil wir es den anderen Leute nicht gönnen, dass sie einiges in unserer Lebensweise und unserem Verhalten bewundern und daran teilhaben möchten. Sondern der Unmut entstand, weil Weiße plötzlich unsere Sprache, unseren Stil, unsere Vitalität – all das also, wofür wir gelitten und gekämpft haben und was aus dem Versuch entstand, uns einen Reim auf unsere Erfahrungen zu machen –, weil Weiße also plötzlich all das kopiert, verfälscht und banalisiert haben. Wie beim Jazz zum Beispiel. Ein anderer Aspekt dieses schwarzen Unmuts rührt daher, dass uns Weiße häufig mit einem Unterton rassischer Überlegenheit gegenübertreten. So entsteht diese naive, aber implizit arrogante Annahme, man könne einen charakteristischen Ausdruck, nur weil er schwarz ist, irgendwie übernehmen, sich aneignen, ohne sich mit den Feinheiten dieses Stils auseinandersetzen zu müssen, weder mit der inneren Komplexität noch mit den menschlichen Kosten, noch mit den Traditionen und dem inneren Anspielungsreichtum oder gar damit, dass all das aus der Fülle des gelebten Lebens entstanden ist. Es erinnert mich an Henry

James' Roman *Der Amerikaner*, in dem Christopher Newman nach Europa reist und dort bei dem Versuch, in die französische Gesellschaft aufgenommen zu werden, auf ein Dickicht von (ihm unbekannten) Werten und Haltungen stößt.

WARREN: Wenden wir uns etwas anderem zu. Hier, mitten in einer expandierenden Wirtschaft, schrumpft der Arbeitsmarkt für die Schlechtausgebildeten, die Schwarzen.

ELLISON: Das ist der Widerspruch. Und es erklärt besonders das Neue, das jetzt aufgetaucht ist, nämlich eine Entschlossenheit der Schwarzen, nicht länger Sündenbock zu spielen und für die Inkompetenz anderer Amerikaner herzuhalten. Wir wollen die Kosten auf alle Köpfen verteilen. Und wir haben bereits bezahlt, mit Charakterfestigkeit, Mut, Entschlossenheit, aber auch mit Selbsterkenntnis und Selbstfindung. Das Ergebnis waren gesellschaftliche, ökonomische, politische und kulturelle Nachteile, ja: Verachtung unserer Lebensweisen.

Und einer der Gründe, warum wir heute die Rolle des nationalen Sündenbocks ablehnen, liegt darin, dass uns bewusster ist, dass nicht nur wir in diesem Opfern zerstört werden, sondern dass die Nation sich in ihrem moralischen Kern zersetzt. Wir haben längst verstanden, dass es unsere Aufgabe ist, Amerika wieder in Einklang mit seinen proklamierten Idealen zu bringen. Und so handeln wir aus einer zwiefachen Verpflichtung, zum einen uns selbst gegenüber und zum anderen gegenüber der Nation. Die Schwarzen erzwingen derzeit die Konfrontation zwischen den Idealen der Nation und ihrem tatsächlichen Verhalten und erweisen sich so als wirkliche Amerikaner. Die übrigen Amerikaner werden das Gleiche tun müssen. Seit der *Reconstruction* haben wir uns den Luxus erlaubt, alle moralischen Notwendigkeiten zu ignorieren. Ein Großteil der moralischen Trägheit, unter der wir leiden, stammt aus dieser Zeit. Gerade lernen wir mühsam, dass uns Wohlstand nicht gut tut, dass wir noch etwas anderes brauchen. Uns geht es schlecht, weil wir uns zu lange mit dem, was geschieht, und mit uns selbst arrangiert haben. Irgendetwas stimmt nicht, und zwar grundsätzlich, und es liegt nicht daran, dass es Schwarze gibt. Nicht einmal an dem Problem der (nicht vorhandenen) Bürgerrechte, oder jedenfalls nur zu Teilen.

WARREN: Ich stimme Ihnen sofort zu, dass die fehlenden Bürgerrechte nicht der zentrale Punkt sind. Aber er wirkt in die Lage des Landes hinein und verschärft sie.

ELLISON: Die nationalen Werte sind mittlerweile so verschwommen, dass man sich nicht einmal mehr darauf verlassen kann, dass Schriftsteller noch reale Personen zeichnen können. Es gibt eine grundlegende Kraft in diesem Land, aber sie wird täglich unterminiert, und niemand scheint sich besonders dafür zu interessieren.

WARREN: Ja, trotz gegenteiliger Beweise müssen wir davon ausgehen, dass es eine grundsätzliche Stärke gibt – wenn man davon nicht ausgeht, kann man gleich aufgeben. Und Sie haben von etwas Wichtigem gesprochen, nämlich von der Fähigkeit der Schwarzen, psychologischem Druck standzuhalten, und davon, wie sich diese Fähigkeit im Verlauf der Geschichte herausgebildet hat, Sie haben gesprochen von …

ELLISON: Ich habe davon gesprochen, wie schwer es war, zu überleben, als die Gewalt überall präsent war und Schwarze grundlos umgebracht wurden. Gewalt war so omnipräsent und wurde oft durch derart banale und willkürliche Anlässe entfesselt, dass wir entweder neue Formen von Mut erfinden oder eben auf ihn verzichten mussten, ihm keine Bedeutung gaben.
Wie oft musste ein Schwarzer seinen ganzen Mut in Schach halten, denn jeder Versuch, sich gegenüber einem Weißen persönlich Genugtuung zu verschaffen, konnte die Ermordung völlig unbeteiligter Schwarzer zur Folge haben. Jedes Selbstwertgefühl wurde durch kleinste Kleinigkeiten in Frage gestellt. Die belangloseste Geste konnte über Leben und Tod entscheiden.

Das war auch meine eigene Erfahrung. Es gab Situationen, in denen ich gewaltbereiten Weißen gegenüberstand und mich nicht fragte, was *sie* für das Problem hielten – denn sie waren ja auf Gewalt aus –, sondern wie *ich* es sah. »Dieser Typ will, dass ich mich mit ihm anlege, höchstwahrscheinlich sucht er einen Vorwand, um mich umzubringen – was habe ich zu gewinnen? Und lasse ich zu, dass *er* meinem Leben seine Vorstellungen aufzwingt?«

WARREN: Dass er für Sie entscheidet, was Sie sich wert sind, richtig?

ELLISON: Ja. Ich muss meinen Möchtegern-Provokateur nicht lieben, obwohl Dr. King dazu rät, aber ich kann ihn als kindisch abtun und ihm sogar verzeihen. Und damals brannte ich darauf, ihm von Gleich zu Gleich auf neutralem Boden gegenüberzustehen.
Manche Nordstaatenschwarze übersehen einfach, dass Südstaatenschwarze in eine sehr harte Schule der Gewalt gegangen sind. Sie wissen seit langem, dass sie jede Menge Schläge einstecken können und dennoch überleben und weiter ihre Ziele verfolgen. In derselben harten Schule haben wir auch alles über Geduld und Nachsicht gelernt -- und über Hoffnung. Also opfern wir heute, genau wie gestern, unsere Lust auf Vergeltung im Interesse des Allgemeinwohls. Und wo Gewalt früher zufällig war, ist sie heute von nationaler politischer Bedeutung. Manche Leute aus dem Norden kritisieren die notwendig komplexe Psyche der Südstaatenschwarzen, ich hingegen fürchte, dass sie dem Leben der Schwarzen psychologische Normen aufzwingen, die ihrer Komplexität Abbruch tun und zudem schädlich wären.

WARREN: Gehen wir zurück zu dem, was Sie eben gesagt haben – zum fundamentalen Heroismus im Kampf der Schwarzen.

ELLISON: Ja, ich meine hier den impliziten Heroismus von Leuten, die ohne Anerkennung und ohne realen Status in einer Gesellschaft leben müssen und dennoch mit den Idealen dieser Gesellschaft verbunden sind. Die versuchen, in dieser Gesellschaft ihren eigenen Weg zu gehen und ihre eigene – rechtmäßige! – Position zu finden.

Solche Leute lernen weit mehr über den wahren Charakter der Gesellschaft, mehr über das Wesen ihrer Normen und Werte als jene, die ihren Platz als gegeben voraussetzen können. Vielleicht können sie (die Schwarzen, MLK) das nicht in schönen Theorien ausbuchstabieren, aber sie *handeln* es aus. Und den Weißen, die ihr Verhalten, ihre Bräuche und Werte, in denen sich ihre gesellschaftliche Realität spiegelt, geringschätzen und missachten, sagen die Schwarzen mit ihrem Handeln: »Aber ihr seid unehrlich. Ihr wisst, dass unsere Sicht der Dinge wahr ist. Wir leben die wahre amerikanische Realität, ja, wir handeln sie aus, doch ihr, die ihr all diese Aspekte der Realität, all die Widersprüche, hartnäckig außer Acht lasst, ihr belügt euch selbst.«
Durch eine solche Haltung wächst ein Volk aus seiner gesellschaftlichen und politischen Unterlegenheit heraus, doch dies bedeutet gleichzeitig eine Verpflichtung, die Verpflichtung nämlich, ein Verständnis für die anderen zu entwickeln, und während die Schwarzen auf die eigene Freiheit dringen, müssen sie, auch um ihrer selbst willen, ihr Bedürfnis nach Rache ein Stück weit aufgeben. Regeln sind nie abstrakt. Und obwohl alle das gleiche Ziel einer höheren Menschlichkeit verbindet, muss jede Gruppe die Karten ausspielen, die die Geschichte ihr ausgeteilt hat. Und dazu braucht es das Verstehen.

WARREN: Auch ein Sich-selbst-Verstehen?

ELLISON: Ja, auch ein Sich-selbst-Verstehen – und zwar sowohl der aus dem eigenen Leben erwachsenen Wertmaßstäbe als auch der eigenen Beziehungen zu anderen

Amerikanern. Das setzt jeden Einzelnen unter großen moralischen Druck, denn es verlangt nicht nur Selbstvertrauen, Selbstbewusstsein und Selbstbeherrschung, sondern auch schnelle Auffassungsgabe und Mitgefühl. Und vor allem eine Aufmerksamkeit für die Komplexität der Menschen. Ist Zivilisation nicht genau dies? Und wollte uns die Tragödie nicht schon immer genau dies lehren? Jedenfalls gehört auch das zur schwarzamerikanischen Erfahrung, und ich glaube, man begreift die Bedeutung dieser Erfahrung erst, wenn man die Idee dahinter sieht – das *Ideal* des Opfers. Weil Hannah Arendt die Bedeutung dieses Ideals für den Südstaatenschwarzen nicht begriffen hat, lag sie in ihrem Aufsatz zu Little Rock in der Zeitschrift *Dissent* so ungeheuer daneben, als sie den schwarzen Eltern vorwarf, sie instrumentalisierten ihre Kinder für den Kampf gegen die Rassentrennung in den Schulen. Tatsächlich hat sie keinerlei Ahnung, was in den Köpfen schwarzer Eltern vor sich geht, wenn sie ihre Kinder durch solche feindselige Linien schicken.

Schwarze Eltern sind sich bewusst, dass solche Ereignisse für ihre Kinder etwas von einem Initiationsritus haben, sie wissen, dass alle schwarzen Kinder sich (früher oder später) dem gesellschaftlichen Terror in seiner nackten Wahrheit stellen müssen. Und aus Sicht vieler dieser Eltern (die sich wünschten, dass es das Problem nicht gäbe) muss jedes Kind, eben gerade weil es schwarz ist, lernen, sich dem Terror zu stellen und seine Furcht und seine Wut in Schach zu halten. Es muss lernen, die inneren Spannungen, die von der Tatsache seines Schwarzseins herrühren, zu beherrschen, und wenn es Schaden nimmt –

dann ist dies ein weiteres Opfer. Der Anspruch hat etwas Erbarmungsloses, doch wenn das Kind diese grundsätzliche Prüfung nicht besteht, wird sein Leben noch erbarmungsloser.

WARREN: Viele Südstaatler sind Gefangene ihrer Südstaaten-Loyalität. Und es gibt Behauptungen, dass Schwarze geistig Gefangene des Rassenproblems seien. Ich frage mich, ob dazwischen eine Parallele besteht.

ELLISON: Ja, meiner Meinung nach ist die Parallele mit Händen greifbar. Wir sind in dem Rassenproblem oft derart gefangen, dass wir nicht einmal innehalten, um unsere Stärken zu analysieren, und unsere Leute an der Spitze sind oft so völlig damit beschäftigt, das Leben der Schwarzen in allgemeinen soziologischen Begriffen zu beschreiben, dass sie die Richtigkeit solcher beschränkten und einschränkenden Begriffe nicht einmal in Zweifel ziehen, geschweige denn erkennen, dass es noch andere Kriterien gibt. Ein Grund dafür dürfte sein, dass sie sich selbst von derartigen Beschränkungen ausnehmen.

WARREN: Betrachten wir die These noch einmal genauer, dass beide, die weißen und die schwarzen Südstaatler, Gefangene einer Situation sind.

ELLISON: Wir wissen, dass Schwarze und Weiße im Südstaatenleben anders als im Norden in bestimmten Bereichen durchaus so etwas wie menschliche Kommunikation zustande bringen, ja, sogar gesellschaftlichen Umgang miteinander haben. Ich meine, der menschliche

Aspekt der Rassenbeziehungen ist nicht kleinzukriegen. Doch manchmal setzt sich die politische, soziologische und ideologische Realität durch und zersetzt die menschlichen Beziehungen, und beide Gruppen fallen in die ihnen zugewiesenen Rollen. Dann fließt ein Großteil der menschlichen Energien in die Aufrechterhaltung unserer Identitätsschemata. Ein Großteil der Magie des Südens – ein Großteil der psychischen Energien zwischen Schwarzen und Weißen – hat sich heutzutage in diese spezielle negative Kunstform (der Identität, MLK) verflüchtigt. Wenn ich das so sagen darf.

WARREN: Schlicht wegen des Aufwands, die festgeschriebenen Identitäten zu bewahren?

ELLISON: Ja, davon bin ich überzeugt. Denn wenn letztendlich die Schranken gefallen sind, dann müssen wir, egal, welcher Rasse wir angehören, als Menschen handeln, je nach unseren eigenen Neigungen, unserem Selbstverständnis, unseren eigenen Lebensentwürfen und dem Lebensgefühl unserer Gruppe. Das aber stellt für Schwarze ein großes Problem dar, weil uns die Normen der Weißen aufgezwungen wurden und werden, auch wenn wir sie teilweise mitgestalten und teilweise übernehmen. Aber vieles in unserem schwarzen Leben mögen wir einfach, so wie wir ein bestimmtes Essen mögen. Wenn der äußere Druck verschwindet, wird es natürlich schwierig, selbstbewusst an dem festzuhalten, was wir am schwarzen Leben mögen. Dann kommt eine Zeit, da geben unsere alten Lebensweisen uns zu verstehen: »Nun ist die Enge Eurer Jim-Crow-Gemeinschaft

vorbei, was macht ihr jetzt aus eurem Leben? Meint ihr, dass jetzt eine eine neue, freudvolle Zeit bevorsteht, die besser und menschlicher ist als bisher?« Sehen Sie, es geht darum, dass wir den menschlichen Kern und die universelle Dimension unserer Erfahrung erkennen.
Ich beobachte andere Leute, ihre Sitten und Gebräuche, und ich halte es für eines meiner größten Privilegien als Amerikaner, als ein Mensch, der das Glück hat, hier und heute zu leben, dass ich mich in verschiedene Zusammenhänge und Kulturen hineindenken kann, und das nicht etwa, weil ich kein Schwarzer mehr sein will oder weil ich meine, ich könne mich dadurch automatisch besser verwirklichen, sondern weil es zu dem gehört, was an Amerika so großartig ist. Man kann jemand anderes sein und dabei immer noch man selbst, ohne einen Ozean überqueren zu müssen.

WARREN: Ich kenne ein paar Leute, Ralph, Weiße wie Schwarze, die aus Ihren Worten eine Rechtfertigung der Rassentrennung heraushören würden. Ich weiß, dass Sie das nicht meinen.

ELLISON: Es gibt keine richtige Antwort auf einen solchen Vorwurf, aber ich habe den Süden 1936 verlassen. Meine Schriften sprechen für sich. Ich habe nie auch nur einen Moment lang so getan, als sei das Leben der Schwarzen nicht von Ungerechtigkeit und Schranken bestimmt. Und gleichzeitig behaupte ich, dass Schwarze trotz der Unterdrückung eine sehr große Menschlichkeit entwickelt haben. Ich will frei sein, mitnichten, um weniger Schwarzamerikaner zu sein, sondern damit der Begriff

Schwarzsein noch reichhaltiger werden kann. Und wenn ich das nicht sagen kann oder wenn mich eine solche Aussage zum Onkel Tom macht, dann gnade uns Gott.

Aus dem amerikanischen Englisch
von Sigrid Ruschmeier

ANMERKUNGEN

Soweit nicht anders angegeben, stammen die deutschen Fassungen englischer Zitate von der Autorin. Bei den Übersetzungen englischsprachiger Zitate in diesem Buch wurde das Wort »negro« als »schwarz« übersetzt. Deutschsprachige Zitate blieben selbstredend unverändert.

PROLOG

* Interlinearübersetzung des Songs »Strange Fruit«:

Südstaaten-Bäume tragen seltsame Früchte / Blut auf den Blättern und Blut an der Wurzel / Schwarze Leiber schwingen im Südstaaten-Wind / Seltsame Früchte hängen an den Pappelbäumen.

Ländliche Szene des galanten Südens / vorstehende Augen und verdrehter Mund / Duft der Magnolie, süß und frisch / Plötzlich ein Geruch nach brennendem Fleisch.

Hier ist eine Frucht, die die Krähen hacken / auf der der Regen sich sammelt, in der der Wind sich verfängt / die in der Sonne rottet und vom Baume fällt. / Eine seltsame, eine bittere Ernte, fürwahr.

* Jüngst erschien ein Beitrag von Robert Reid-Pharr im Internet über die Korrespondenz von James Baldwin und Abel Meeropol: »James Baldwins Little House and Abel Meeropols Strange Fruits«, *https://www.ucl.ac.uk/racism-racialisation/transcript-james-baldwins-little-houses-and-abel-meeropols-strange-fruit*; zuletzt abgerufen am 24.11.2021.
* *Zuversicht, die Dinge aus eigener Kraft ... – Entschlossenheit zu handeln ... – vollgütigem Glück ...* – siehe Hannah Arendt im Interview mit Adalbert Reif in dies., »Macht und Gewalt«, mit einem Interview von Adalbert Reif, München 1969, S. 107–131, hier: S. 107–109.
* *letzten großen Essay von 1973* – Hannah Arendt, »200 Jahre Amerikanische Revolution«, Originaltitel »Home to

Roost«, siehe dies., »Zur Zeit«, hg. und mit einem Nachwort von Marie Luise Knott, Berlin 1986, S. 161–178; wiederabgedruckt in dies., »In der Gegenwart. Übungen im politischen Denken II«, hg. von Ursula Ludz, München 2000.

* Zur Kritik des »anti-schwarzen Rassismus« von Hannah Arendt siehe vor allem Kathryn T. Gynes, »Hannah Arendt and the Negro Question«, Indiana University Press, 2014; 2015 erschien eine Studie von William Burroughs über die *white ignorance* von Hannah Arendt. Andere, wie Ayça Çubukçu, sahen in Arendts Ausführungen zum zivilen Ungehorsam einen Ausschluss der Schwarzen; siehe eine zusammenfassende Lektüre von Sanne Groothuis hier: file:///Users/MLK/Downloads/Hannah_Arendt_Plurality_and_White_Ignora.pdf. Siehe ferner »Fragil-Stabil, Dynamiken der Demokratie. Die 23. Hannah Arendt Tage 2020, mit Beiträgen zur aktuellen Rassismus-Debatte bei Arendt«, hg. von Franziska Martinsen, Weilerswist 2021.

* Der Brief von Hannah Arendt an Ralph Waldo Ellison befindet sich im Nachlass von Hannah Arendt, Library of Congress, Washington, Hannah Arendt Papers, Correspondance, General: »E-miscellaneous 1963–1975«.

* Hannah Arendt, »Little Rock«, erschien erstmals in dies., »Zur Zeit«, a.a.O., S. 95–118, dt. Übersetzung Eike Geisel; wiederabgedruckt in »In der Gegenwart. Übungen im politischen Denken II«, a.a.O., S. 258–280.

* *Wir haben längst verstanden* – diese Äußerung von Ralph Waldo Ellison findet sich im Interview, siehe S. 123 in diesem Band.

* *mehr über jüdische Erfahrung und historische Erforschung der Judenfrage* – siehe Hannah Arendt, »Sechs Essays«, Heidelberg 1948; dies., »Vor Antisemitismus ist man nur auf dem Monde sicher. Beiträge für die jüdische Emigrantenzeitschrift ›Aufbau‹ 1941–1945«, hg. von Marie Luise Knott, München 2000; »Hannah Arendt/Gershom Scholem. Briefwechsel 1938–1964«, hg. von Marie Luise Knott unter Mitarbeit von David Heredia, Berlin 2010; H.A. »Wir Ju-

den. Schriften 1932-1966«, hg. von Marie Luise Knott und Ursula Ludz, München 2020.
* *Ich glaube an Diversität* – in Ralph Waldo Ellison, »Shadow and Act«, New York, Random House, 1958; hier in der Ausgabe Signet Books 1966, S. 23.

1. WIR JUDEN

* Zum Traum der Rahel Varnhagen – Hannah Arendt, »Rahel Varnhagen. Lebensgeschichte einer deutschen Jüdin aus der Romantik«, München 1981, S. 135/136.
* *Welche Geschichte!* – ebd., S. 15.
* *»überstieg die Kräfte eines Einzelnen«* – siehe auch Hannah Arendt, »Franz Kafka«, in dies., »Wir Juden«, a.a.O., S. 150.
* *Kann ein Volk sich* – Ralph Ellison, »An American Dilemma: A Review«, in ders., »Shadow and Act«, a.a.O., S. 301.
* *Wie kommt es* – ebenda. (»Why is it, that so many of those, who would tell us the meaning of Negro life never bother to learn, how varied it really is.«)
* *Jüdische Historiker* – in »Hannah Arendt/Gershom Scholem. Briefwechsel 1938-1964«, a.a.O., S. 469.
* Der Essay »Verborgene Tradition« erschien erstmals in Hannah Arendt, »Sechs Essays«, a.a.O., wiederabgedruckt in dies., »Wir Juden«, a. a. O., S. 126–153.

2. DAS WORT ERTEILEN

* Robert Penn Warren, »Who Speaks for the Negro«, Yale University Press 2014. Unter der Überschrift »4. Leadership from the Periphery« findet sich ein Porträt und Interview mit Ralph Waldo Ellison, S. 327–354. Eine gekürzte Fassung im Anhang dieses Bandes, übersetzt von Sigrid Ruschmeier. Die Tonbandaufnahmen der Interviews finden sich gesammelt auf der Homepage der Vanderbilt University https://whospeaks.library.vanderbilt.edu/, zuletzt abgerufen am 24.11.2021.
* *righteous gentile* – aus dem Nachruf von Joseph Cohen, »The Insideness of the Outsider«, in »Shofar«, Vol. 8, No. 2 (Winter 1990), S. 35–37.

3. WINTERSCHLAF

* Die Bibliothek von Hannah Arendt und Heinrich Blücher befindet sich im Bard College, Annandale on Hudson.

* Ralph Ellison, »Der unsichtbare Mann«, mit einem Nachwort des Autors, aus dem Amerikanischen von Georg Goyert, vollständig überarbeitet von Hans Christian Oeser, Berlin 2019.

* *Einige seiner Mitschüler »verschwanden«* – in Ralph Ellison, »Shadow and Act«, a.a.O., S. 7.

* *Wir Amerikaner wissen wenig über unsere Geschichte* – Ralph Ellison im Interview, siehe in diesem Band S. 115.

* *... die von John Adams beschriebene Finsternis* – hier das ganze Zitat: »The poor man's conscience is clear; yet he is ashamed. He feels himself out of the sight of others, groping in the dark. Mankind takes no notice of him. He rambles and wanders unheeded. In the midst of a crowd, at church, in the market, he is in as much obscurity as he would be in a garret or a cellar. He is not disapproved, censured, or reproached; *he is only not seen* (...) To be wholly overlooked, and to know it, are intolerable. If Crusoe on his island had the library of Alexandria, and a certainty that he should never again see the face of man, would he ever open a volume?« in Hannah Arendt, »On Revolution« (Penguin Books 1963/1990), S. 69f.

* Präzise beschreibt Claudia Rankine den heutigen Alltagsrassismus; siehe Claudia Rankine »Citizen«. Aus dem Englischen von Uda Strätling, Spector Books, Leipzig 2018.

4. ANGST

* *aus dem Königsenglisch entstanden* – aus Ralph Ellison, »What America would be like without Blacks«, 6.4.1970, siehe hier https://teachingamericanhistory.org/library/document/what-america-would-be-like-without-blacks/, zuletzt aufgerufen am 24. 11. 2021. Siehe außerdem zu den afrikanischen Wurzeln im afroamerikanischen Englisch eine Studie aus den 1980er Jahren

»African Elements in African-American English« von Molefi Kete Asante, in »Africanisms in American Culture«, hg. von Joseph E. Holloway, Indiana University Press 1990.
* Auch im Interview kritisiert Ellison die Gefahr, dass jede Tendenz, das eigene Unglück in den statistischen Kategorien und Abstraktionen von »schwarz« und »weiß« zu begründen, die Subalternität nur zementiere; siehe in diesem Band S. 119.
* *Hab ich vergessen, mein Sohn* – aus Ralph Ellison, »Der unsichtbare Mann«, a.a.O., S. 16.
* *Wenn ich entdeckt habe, wer ich bin, werde ich ...* – aus ebd., S. 20.
* *Sprechend und handelnd* – Hannah Arendt, »Vita activa oder vom tätigen Leben«, München 1967, S. 215.

5. GLEICHHEIT
* *Wenn ein Schwarzer in einer weißen Gemeinschaft* – aus Hannah Arendt, »Origins of Totalitarianism«, hier zitiert nach Richard J. Bernstein, »Denkerin der Stunde. Über Hannah Arendt«, aus dem Englischen von Andreas Wirthensohn, Berlin 2020, S. 64f.
* *»Es machte mich wütend«* – in »Begin Again. James Baldwin's America and its Urgent Lessons for Our Own«, New York, 2020, S. 31.
* *Gültigkeit der Gleichheit auf politischen Bereich beschränkt* – siehe Hannah Arendt, »Little Rock« in dies., »Zur Zeit«, a.a.O., S. 103.
* Brief an Lipman zitiert nach Anmerkungen zu »Little Rock« in ebd., S. 200.
* Zum Thema Erziehung siehe Hannah Arendt, »Krise der Erziehung«, wiederabgedruckt in »Zwischen Vergangenheit und Zukunft«, a.a.O., S. 266.
* Über die mütterlichen Regeln berichtet Arendt im Interview mit Günter Gaus, zitiert nach Hannah Arendt, »Ich will verstehen. Selbstauskünfte zu Leben und Werk«, hg. von Ursula Ludz, zuletzt München 2019, S. 54f.

6. TIEFER GEFÜHLE

* Zu dem Briefwechsel mit der Zeitschrift »Commentary« siehe die Hannah Arendt Papers in der Washingtoner Library of Congress, hier: Correspondence, Publishers: »Commentary«.

* *die übliche Mischung* – ebd., Brief vom 1.2.1958.

* *Welch eine wunderbare Welt der Möglichkeiten* – Ralph Ellison zitiert nach Patterson, »Brown v. Board of Education: A Civil Rights Milestone and Its Troubled Legacy«, New York, Oxford University Press, 2002, S. XIV.

* Zu Urteilen und Vorurteil siehe vor allem Arendts Ausführungen in »Was ist Politik«; ferner zum Rassismus: »Jeder Rassismus, der weiße wie der schwarze, ist von Haus aus gewaltträchtig, weil er gegen natürliche, organische Gegebenheiten protestiert, eine schwarze oder eine weiße Haut, die nicht von Meinungen abhängen und an denen keine Macht etwas ändern könnte; kommt es hart auf hart, so bleibt nichts als die Ausrottung ihrer Träger. Rassismus ist, im Unterschied zur Rasse selbst, keine tatsächliche Gegebenheit, sondern eine zur Ideologie entartete Meinung, und die Taten, zu denen er führt, sind keine bloßen Reflexe, sondern Willensakte. (...) Vorurteile, im Unterschied zu Interessen und Ideologien, pflegen dem Druck der Macht genau so zu weichen, wie andere Meinungen auch, und die großen Erfolge der Bürgerrechtsbewegung, die ganz und gar gewaltlos waren, sind dafür ein eindrucksvolles Beispiel.« Hannah Arendt, »Macht und Gewalt«, München 1970, S. 75f.

* *Vor Antisemitismus ist man nur* – aus Hannah Arendt, »Ceterum Censeo ...«, 26.12.1941, hier zitiert nach Hannah Arendt, »Vor Antisemitismus ist man nur noch auf dem Monde sicher«, a. a. O., S. 30.

* *die Diskriminierung auf dem Arbeits- und Wohnungsmarkt* – siehe die Vorbemerkung zu »Little Rock«, in »Zur Zeit«, a.a.O., S. 96.

* *Da die Auseinandersetzungen in Little Rock nicht abflauten* – Bei einer Umfrage im September 1957 stimmten 7561 Bürger für Integration, 129470 Bürger dagegen.

7. UNBEWÄLTIGTE VERGANGENHEIT

* *weil ich mich persönlich in eine unerträgliche Lage gebracht hätte ...* – aus der Vorbemerkung zu Hannah Arendt, »Little Rock«, a.a.O., S. 96.

* *das Recht zu heiraten, wen man will* – ebd, S. 102.

* In den Gefängnis-Aufzeichnungen des schwarzen Schriftstellers Eldridge Cleaver finden sich Schilderungen über die weißen Pinupfrauen in den Gefängniszellen schwarzer Gefangener. Und unter der Überschrift »Werden«, einer Aufzeichnung vom Juni 1965, erzählt er von seiner Obsession, weiße Frauen zu vergewaltigen, um die weißen Männer zu demütigen; siehe Eldridge Cleaver, »Seele auf Eis«, mit einem Nachwort von Kai Hermann, München 1970, S. 21.

8. DAS IDEAL DES OPFERS

* *Ja, ich meine hier* – aus dem Interview mit Ralph Waldo Ellison, siehe in diesem Band S. 126.

* *politisch gesprochen war jeder Paria* – aus »Die verborgene Tradition« in »Wir Juden«, a.a.O., S. 137.

9. DIALEKTIK DER AUFKLÄRUNG

* Zu William Dunbar siehe Toni Morrison, »Selbstachtung. Ausgewählte Essays«, aus dem Englischen von Thomas Piltz, Nikolaus Stingl, Christiane Buchner, Dirk van Gunsteren und Christine Richter-Nilsson, Reinbek bei Hamburg 2020, S. 237–239. Bernard Bailyns Porträt von Dunbar findet sich in ders., »Voyagers to the West: A Passage in the Peopling of America on the Eve of the Revolution«, Knopf, New York 1986.

10. BEGEGNUNGEN

* *Dinner Meeting Addresses of the National Institute of Arts and Letters* – die Unterlagen des Dinner Meetings vom 1.4.1964 finden sich im Nachlaß von Ralph Ellison im Ordner »LOC Ellison, 1.Apr., National Institute of Arts and Letters, New York, N.Y., 1964« in der Box I:170.

* *Ich halte die amerikanische Sprache lebendig* – aus Ralph Ellison, »Shadow and Act«, a.a.O., S. 266.

11. RES PUBLICA

* *Arendt verstand ihre Polis als den Ort* – siehe Hannah Arendt, »Was ist Politik, Fragmente aus dem Nachlass«, hg. von Ursula Ludz, Vorwort von Kurt Sontheimer, München 2003, S. 96.
* James Baldwin, »Letter from a Region of my Mind«, in ders., »Nach der Flut das Feuer«, aus dem Amerikanischen von Mirjam Mandelkow, Reinbek 2020. Der Essay erschien zuerst am 9.12.1962 im »New Yorker«. Die zitierte Stelle findet sich in der deutschsprachigen Ausgabe S. 67f.
* Brief von Hannah Arendt an William Shawn zitiert nach https://twitter.com/samantharhill/status/1289963212163735552?lang=en; zuletzt abgerufen am 24.11.2021. Ich danke Priya Basil für diesen Hinweis.
* Brief von Hannah Arendt an James Baldwin, 21.11. 1962, siehe LOC, Arendt Papers, Correspondence, General: »Bac-barrm miscellaneous, 1955-1975«.
* *auch allen anderen ihr Anderssein erhalten* – in Ralph Ellison, »Shadow and Act«, a.a.O., S. 125 und 126.
* *Quell von Konflikten* – ebd., S. 127.

12. LEBENSLÄNGLICH

* Brief von Hannah Arendt an Gertrud Jaspers, 3.1.1960, in »Hannah Arendt, Karl Jaspers, Briefwechsel, 1926–1969«, hg. von Lotte Köhler und Hans Saner, München 1985, S. 422.

13. EINE WAHL HABEN

* Das Ende der 1. Auflage von »Origins of Totalitarianism« lautet im Original: »For those who were expelled from humanity and from human history and thereby deprived of their human condition need the solidarity of all

men to assure them of their rightful place in ›man's enduring chronicle‹.«

* Zu William Faulkners »man's enduring chronicle« siehe meinen Beitrag »Über den Stolz der Leidenden. Hannah Arendt liest William Faulkner« in Marie Luise Knott, »Der Span des Gegenwärtigen und sein Kampf mit dem Nichts. Versuch über ein frühes Notizheft von Hannah Arendt« in »Schreibheft. Zeitschrift für Literatur«, hg. von Norbert Wehr, Heft 84, 2015, S. 187–192.

* Die Rede von Alois Prinz »I Speak to You as an American Jew« beginnt wie folgt: »As Americans we share the profound concern of millions of people about the shame and disgrace of inequality and injustice which make a mockery of the great American idea.« Siehe http://www.joachimprinz.com/civilrights.htm; zuletzt aufgerufen am 24.11.2021.

* Siehe Rabbi Abraham Joshua Heschel, »The Insecurity of Freedom. Essays on Human Existence«, New York 1966, S. 85.

* *Atina Grossman* – »Shadows of War and Holocaust: Jews, German Jews, and the Sixties in the United States, Memories and Reflections« in »Journal of Modern Jewish History«, 13:1 (March 2014): 1–16. Revised and republished in http://www.tabletmag.com/jewish-news-and-politics/184393/holocaust-sixt; zuletzt abgerufen am 24.11.2021.

* Zeilen aus dem Song »Eve of Destruction« (Der Vorabend der Zerstörung): »The whole world it is exploding« (Die ganze Welt explodiert). – »Think of all the hate there is in Red China! / Then take a look around to Selma, Alabama!« (Denk an den ganzen Hass in Rotchina. / Und dann schau dich in Selma, Alabama, um.) – »You're old enough to kill but not for votin'.« (Du bist alt genug, um zu töten, aber nicht, um wählen zu gehen.)

14. MÖGLICHKEITEN

* *whether the moral fiber of white people* – aus Toni Morrison »The Black Experience. A Slow Walk of Trees (as Grand-

mother Would Say), Hopeless (as Grandfather Would Say)« in »The New York Times«, 4.7.1976 https://www.nytimes.com/1976/07/04/archives/the-black-experience-a-slow-walk-of-trees-as-grandmother-would-say.html – »My parents took issue over the question of whether it was possible for white people to improve. They assumed that black people were the humans of the globe, but had serious doubts about the quality and existence of white humanity.«

* *To be a Negro in this country* – Auszug aus einem Interview mit James Baldwin aus dem Jahr 1961, siehe: https://www.npr.org/2020/06/01/867153918/-to-be-in-a-rage-almost-all-the-time, zuletzt abgerufen am 24.11.2021.

* *So viel war denen unser Leben wert?* – aus Toni Morrison, »Selbstachtung«, a.a.O., S. 175.

* *though we do have to be free* – aus James Baldwin, »How to Cool it« in https://www.esquire.com/news-politics/a23960/james-baldwin-cool-it/

* *... an der Art und Weise interessiert* – aus »Dichterisch Denken. Hannah Arendt und die Künste«, hg. von Wolfgang Heuer und Irmela von der Lühe, Göttingen 2007, S. 221.

15. ERFAHRUNG

* Von W. E. B. Du Bois befindet sich in Hannah Arendts Bibliothek »Black Reconstruction. An Essay Toward a History of the Part which Black Folk Played in the Attempt to Reconstruct Democracy in America, 1860–1880«, New York, 1935.

* *Ich befand mich außerhalb* – aus W.E.B. Du Bois, »My Evolving Programm for Negro Freedom«, zitiert nach https://www.dhm.de/archiv/ausstellungen/namibia/stadtspaziergang/hu.htm, zuletzt abgerufen am 24.11.2021.

* Zum Beitrag auf der Pariser Weltausstellung siehe die Heimatseiten der Washingtoner Library of Congress: 1. der Beitrag von Jeff Bridgers, »Exposition Universelle« vom 28.2.2014 https://blogs.loc.gov/inside_adams/2015/

02/du-bois-in-paris-exposition-universelle-1900/ 2. der Beitrag von Ellen Terrell »Du Bois in Paris – Exposition Universelle« vom 24.2. 2015. https://credo.library.umass.edu/view/full/mums312-b137-i103, zuletzt abgerufen am 24.11.2021.

* Brief von Louis Harap (Managing director von »Jewish Life«) an W. E. B. Du Bois, 13.2.1952, in den W.E.B. Du Bois Papers in U. Mass. Amherst https://credo.library.umass.edu/view/full/mums312-b137-i103, zuletzt abgerufen am 24.11.2021.

* W.E. B. Du Bois, »The Negro and the Warsaw Ghetto« in »Jewish Life«, vol. 6, no. 7, Mai 1952, S. 1, 14 und 15.

* Zu Hannah Arendts Uni-Kurs aus dem Jahr 1965 siehe Hannah Arendt, »Politische Erfahrung im 20. Jahrhundert. Seminarnotizen 1955 und 1968«, in »Dichterisch Denken«, a.a.O., S. 213–226.

* *Um urteilen zu können ...* – aus Hannah Arendt, »Zwischen Vergangenheit und Zukunft«, a.a.O., S. 298–230.

* *Besuche zu machen* – aus Hannah Arendt, »Das Urteilen, Texte zu Kants politischer Philosophie«, hg. von Hans Saner, München 1986, S. 61.

16. IDENTITÄT

* *Wo alle schuldig sind, da ist niemand schuldig* – siehe Hannah Arendt, »Persönliche Verantwortung in der Diktatur«, hg. und mit einem Essay von Marie Luise Knott, München 2019.

* *So haben die guten weißen Liberalen* – aus Hannah Arendt, »In der Gegenwart. Übungen im politischen Denken II«, a.a.O., S. 65f.

* *Ralph Ellison*, »What America Would Be Like Without Blacks«, 6. April 1970, https://teachingamericanhistory.org/library/document/what-america-would-be-like-without-blacks, zuletzt abgerufen am 24.11.2021.

* *»Versprechen«, sagt Arendt* – in dies., »Zwischen Vergangenheit und Zukunft«, a.a.O., S. 151.

* Zu dem Bild vom »Urwald« hier ein Zitat von Toni Morrison: »Die Weißenleute glaubten, egal was für Manieren,

unter jeder dunklen Haut laure der Urwald. Reißende nicht schiffbare Gewässer, kreischende, hin und her schaukelnde Gorillas, schlafende Schlangen, die roten Mäuler erpicht auf ihr süßes weißes Blut. In gewisser Weise, dachte er bei sich, hatten sie ja Recht. Je mehr die Farbigenleute ihre Kraft darauf verschwendeten, die Weißen davon zu überzeugen, wie sanft sie seien, wie klug und liebevoll, wie menschlich; je mehr sie ihre Energie darin erschöpften, die Weißen von etwas zu überzeugen, das sie für unanzweifelbar hielten, desto tiefer wurde der Urwald im Innern. Doch das war nicht der Urwald, den die Schwarzen aus jenem anderen (lebenswerten) Kontinent mitgebracht hatten, sondern der Urwald, den die Weißen in ihnen gepflanzt hatten.« Toni Morrison, »Menschenskind«, a.a.O., S. 140

* Das Positionspapier des Student Nonviolent Coordinating Committee (SNCC) zur Basis des Black Power findet sich hier: http://www2.iath.virginia.edu/sixties/HTML_docs/Resources/Primary/Manifestos/SNCC_black_power.html; zuletzt abgerufen am 24.11.2021.

* *Der allgemeine Bürgerrechts-Enthusiasmus* – Hannah Arendt im Interview mit Adalbert Reif; ausführlicher findet sich diese Passage in ihrem Brief an Mary Mc Carthy in Hannah Arendt/Mary Mc Carthy, »Im Vertrauen. Briefwechsel 1949–1975«, hg. und mit einer Einleitung von Carol Brightman, aus dem amerikanischen Englisch von Ursula Ludz und Hans Moll, München 1995, S. 369.

* *in die Führungsrolle der Schwarzen* – ebd., S. 94.

17. ABBITTE

* »Gefühlskälte ist kein Zeichen von Vernunft. ›Objektivität und Gleichmut‹ angesichts unerträglichen Leidens könnten in der Tat mit Recht ›Furcht erregen‹, nämlich dann, wenn sie nicht Ausdruck von Selbstkontrolle sind, sondern die offenbare Manifestation der Unrührbarkeit«, heißt es in Hannah Arendt, »Macht und Gewalt«, a.a.O., S. 65.

* *wenn eine bedeutende Anzahl von Staatsbürgern* – siehe Hannah Arendt, »Ziviler Ungehorsam«, in dies., »Zur Zeit«, a.a.O., S. 136.
* *Nicht das Gesetz, sondern ziviler Ungehorsam* – aus ebd., S. 142.
* Stanley Elkins, »Slavery. A Problem in American Institutional and Intellectual Life«, Second Edition, University of Chicago Press, 1968. Ein Abriss seines Vergleichs von nord- und südamerikanischer Sklaverei findet sich in ders., »Culture Contacts and Negro Slavery« in »Proceedings of the American Philosophical Society«, April 15, 1963, Vol. 107, No. 2, S. 107–109.
* *bei denen sich irgendein Generalnenner darbietet* – in »Politik und Verbrechen. Ein Briefwechsel«, Hannah Arendt an Hans Magnus Enzensberger, »Merkur«, 19/1965, S. 380–385.
* *Durch die bloße Tatsache der Beschränkung* – aus Hannah Arendt, »Die Lüge in der Politik« in dies., »In der Gegenwart. Übungen im politischen Denken II«, a.a.O., S. 329.
* *stillschweigender Ausschluß aus dem stillschweigenden Konsens* – Hannah Arendt, »Ziviler Ungehorsam«, in dies., »Zur Zeit«, a.a.O., S. 149.
* *Ein expliziter, eigens an die schwarze Bevölkerung* – zur Frage der verpassten Chance eines Verfassungszusatzes zur Gleichberechtigung der Schwarzen siehe ebd., S. 150.
* *den großen Wandel (...) eindrücklich unterstrichen* – in Hannah Arendt, »Ziviler Ungehorsam«, in dies., »Zur Zeit«, a.a.O., S. 150.
* »Wo die Institutionen versagen, müssen die Menschen in die Bresche springen«, ebd.
* *Sinn von Politik ist Freiheit* – aus Hannah Arendt, »Was ist Politik? Fragmente aus dem Nachlass«, a. a. O., S. 23.

Die Autorin dankt für Hinweise,
intensive Gespräche und kritische Kommentare:
Atina Grossmann, Ellen Hinsey, Caroline Jessen,
Cilly Kugelmann, Paul Mendes-Flohr, Christian Reich,
Sigrid Ruschmeier, Sasha Marianna Salzmann,
Uljana Wolf.

INHALT

Erste Auflage Berlin 2022

Göhrener Strase 7, 10437 Berlin
info@matthes-seitz-berlin.de

Lektorat: Angelika Klammer
Gestaltet und gesetzt von ciconia ciconia, Berlin.
Die Herstellung besorgte Hermann Zanier, Berlin.
Gedruckt und gebunden von GGP Media GmbH, Pößneck.

ISBN 978-3-7518-0344-1

www.matthes-seitz-berlin.de